外贸英语语言特点与翻译研究

张晓冬　王　媛　著

北京工业大学出版社

图书在版编目（CIP）数据

外贸英语语言特点与翻译研究 / 张晓冬，王媛著． —
北京 ：北京工业大学出版社，2020.12（2021.11 重印）
ISBN 978-7-5639-7747-5

Ⅰ．①外… Ⅱ．①张… ②王… Ⅲ．①对外贸易－英
语－翻译－研究 Ⅳ．① F75

中国版本图书馆 CIP 数据核字（2020）第 247584 号

外贸英语语言特点与翻译研究
WAIMAO YINGYU YUYAN TEDIAN YU FANYI YANJIU

著　者：	张晓冬　王　媛
责任编辑：	刘卫珍
封面设计：	知更壹点
出版发行：	北京工业大学出版社
	（北京市朝阳区平乐园 100 号　邮编：100124）
	010-67391722（传真）　bgdcbs@sina.com
经销单位：	全国各地新华书店
承印单位：	三河市明华印务有限公司
开　本：	710 毫米 ×1000 毫米　1/16
印　张：	11.5
字　数：	230 千字
版　次：	2020 年 12 月第 1 版
印　次：	2021 年 11 月第 2 次印刷
标准书号：	ISBN 978-7-5639-7747-5
定　价：	45.00 元

作
者
简
介

张晓冬，女，1981 年生，汉族，河北邯郸人，硕士研究生，河北政法职业学院副教授，兼职律师，研究方向：法律英语、经济法。2010 年 1 月，主讲的法律英语课程被评为教育部教指委精品课程；先后发表论文 20 余篇，其中以第一作者或独著身份在核心期刊发表论文 6 篇；主持或参与省部级课题 10 余项，其中主持的河北省社会科学基金项目课题"践行社会主义核心价值观的思考——以法治的内涵为视角"、河北省社会科学发展研究课题"京津冀区域经济一体化中的生态环境法律规制研究"结项成果为"优秀"；同时，主持或参与厅级课题多项；出版著作两部；作为一名"双师"型教师，有着丰富的律师业务实战经验，曾办理过各类诉讼案件和非诉案件；同时还担任公司和事业单位的常年法律顾问；2018 年 6 月被评为"全国青少年毒品预防教育 6.27 工程优秀教师"；2018 年 12 月，作为第二参与人和教学团队申报的"法律类高职实践教学改革之探索"荣获河北省优秀教学成果二等奖；2019 年 12 月指导学生参加河北省高等职业院校职业技能大赛英语口语大赛荣获二等奖、三等奖；2019 年 12 月，入选河北省"三三三人才工程"第三层次人选，培养期限三年。

王媛，女，1980 年 6 月生，满族，河北沧州人。2007 年硕士研究生毕业，现就职于河北政法职业学院，任副教授，主要从事高职教育体系构建和英美文学研究。曾在《中国成人教育》《电影文学》《长城》等中文核心期刊发表文章多篇，出版专著多本；曾主持河北省教育厅英语教改课题，河北省社会科学发展研究课题，参与国家社会科学基金一般项目以及河北省社会科学基金课题；入选河北省人社厅 2019 年度河北省"三三三人才工程"第三层次人选；荣获第二十届教育教学信息化大赛河北赛区一等奖，第二十一届全国教育教学信息化（高等教育组）大赛一等奖，2018 年河北省教学成果奖二等奖。

前　言

外贸英语作为一门专业的英语和普通英语之间有很大的区别，在词汇和语法以及翻译的技巧方面都有独特之处。由于外贸英语自身所具有的特殊性，所以在翻译上也存在着各种难题，在经过了认真的探究分析之后，笔者发现，只有根据其特有的功能以及语言特点，才能对外贸英语进行准确的翻译。笔者主要针对外贸英语的语言特点以及翻译的技巧进行了深入的分析探究，希望本书能够对此领域的发展起到一定的推动作用。

全书共七章。第一章为绪论，主要阐述了外贸英语的含义与特征、外贸英语的文体风格以及外贸英语翻译的原则等内容；第二章为外贸英语翻译的现状，主要阐述了外贸英语翻译的重要性、外贸英语翻译的研究现状以及外贸英语翻译标准的研究现状等内容；第三章为外贸英语的用词特点与翻译，主要阐述了外贸英语的用词特点和外贸英语词汇的翻译技巧等内容；第四章为外贸英语的句法特点与翻译，主要阐述了外贸英语的句法特点和外贸英语句式的翻译技巧等内容；第五章为外贸英语的语篇特点与翻译，主要阐述了外贸英语的语篇类型和外贸英语语篇的翻译技巧等内容；第六章为外贸英语函电的特点与翻译，主要阐述了外贸英语函电的特点和外贸英语函电的翻译技巧等内容；第七章为外贸产品说明书和样本资料的翻译，主要阐述了外贸产品说明书的翻译和外贸产品样本资料的翻译等内容。

本书第一至四章为作者张晓冬所写，约 12 万字；第五至七章为作者王媛所写，约 11 万字。

为了确保研究内容的丰富性和多样性，作者在写作过程中参考了大量理论与研究文献，在此向涉及的专家学者表示衷心的感谢。

最后，由于笔者水平有限，加之时间仓促，本书难免存在一些疏漏，在此，恳请同行专家和读者朋友批评指正！

目　录

第一章　绪　论 ……………………………………………………………… 1

　　第一节　外贸英语的含义与特征 ………………………………………… 1

　　第二节　外贸英语的文体风格 …………………………………………… 2

　　第三节　外贸英语翻译的原则 …………………………………………… 6

第二章　外贸英语翻译的现状 …………………………………………… 19

　　第一节　外贸英语翻译的重要性 ……………………………………… 19

　　第二节　外贸英语翻译的研究现状 …………………………………… 26

　　第三节　外贸英语翻译标准的研究现状 ……………………………… 41

第三章　外贸英语的用词特点与翻译 ………………………………… 51

　　第一节　外贸英语的用词特点 ………………………………………… 51

　　第二节　外贸英语词汇的翻译技巧 …………………………………… 65

第四章　外贸英语的句法特点与翻译 ………………………………… 77

　　第一节　外贸英语的句法特点 ………………………………………… 77

　　第二节　外贸英语句式的翻译技巧 …………………………………… 83

第五章　外贸英语的语篇特点与翻译 ………………………………… 109

　　第一节　外贸英语的语篇类型 ………………………………………… 109

　　第二节　外贸英语语篇的翻译技巧 …………………………………… 114

第六章　外贸英语函电的特点与翻译 ………………………………… 121

　　第一节　外贸英语函电的特点 ………………………………………… 121

　　第二节　外贸英语函电的翻译技巧 …………………………………… 130

第七章 外贸产品说明书和样本资料的翻译 ································ 143

第一节 外贸产品说明书的翻译 ································ 143

第二节 外贸产品样本资料的翻译 ································ 165

参考文献 ································ 175

第一章 绪 论

自从我国改革开放以来，对外贸易不断地扩大，尤其是加入 WTO（世界贸易组织）后，我国对外的经济活动越来越频繁。在这样的前提下，对外贸易人士就需要对国际经济的市场走向和形式进行了解和把控，方便人们在对外经济贸易中更好地交流。与此同时，想了解中国的经济环境、法律法规、市场需求和投资前景的国际友人也日益增加。本章分为外贸英语的含义与特征、外贸英语的文体风格、外贸英语翻译的原则三部分。主要内容包括外贸英语的含义、外贸英语的特征、翻译的原则等。

第一节 外贸英语的含义与特征

一、外贸英语的含义

所谓的对外贸易是和国内贸易相对而言的，对外贸易是指两个不同的国家进行的商品交易活动，又或者是指一方给另外一方提供服务的行为。外贸英语就是在这些领域中使用的交流语言。外贸英语也可以称为经贸英语，包括进口和出口贸易活动范围内可以用到的各类英语文书，比如商业来往的书信、经济合同、产品类说明书和各种各样的单据等。作为一种有专门用途的英语类别，外贸英语是随着世界经济的不断发展和国内外贸易的逐步完善而形成的。

二、外贸英语的特征

外贸英语是实用性很强的应用语言，是从事经济贸易活动的人员所使用的国际通用语言，具有显著的行业特征。有关外贸英语方面的文章和文献往往对可执行性的要求较高，其文体正式，语法结构严谨，语义精确，无歧义现象。

国内外一些专家将外贸英语的文体形式划分为许多种类，如信函文体、广告文体和合同文体等。虽然这些文体的语言特色有所不同，但是除广告文体外，其他文体都没有渲染功能，而是进行客观描述。外贸英语是现代英语的一种功能变体，其与普通英语的差异不仅表现在目的和意义方面，也表现在词语用法、句子组成和篇章构建等方面。外贸英语涉及营销学、经济学、金融学、会计学、法学和管理学等许多边缘学科的知识。外贸活动包括有关的进出口贸易、技术引进、招商引资、对外劳务承包、商务谈判、经贸合同、国际支付与结算、涉外保险、国际运输等范围。因此，全面了解外贸英语的文体和词语特点对掌握外贸翻译技巧是十分重要的。

我国自加入 WTO 以后，在对外贸易活动中越来越活跃，对外的沟通交流越来越多，外贸方面的活动也越来越频繁。在这一背景下，我国对外贸英语人才的需求不断增加，所以外贸英语的学习显得尤为重要。在外贸英语学习中不仅要注重培养理论知识，同时还要掌握一些实际交流的特定技巧。在对外贸易的经济活动中外贸英语作为沟通语言有着重要的促进意义。

经过以上一系列的介绍可以看出，外贸英语是从事经济贸易活动的人员所使用的国际通用语言。

第二节　外贸英语的文体风格

一、词语选用得体，表达力求清楚

语言学家曾说过，词语和文体是密不可分的。外贸英语作为一种实用文体，其内容具有很强的目的性。要想使读者一目了然没有什么疑惑，就要求译文的语言要简洁明了，选词要得体，条理要清晰。外贸英语的文体比较正式，不能虚构，更不能自由发挥和随意引申。所以，不论是书写外贸信函、草拟商务文件，还是进行外贸谈判，词语选用除了正确、得体之外，还要力求精准，这就形成了外贸英语用词简练的文风。请看如下例句，这些例句用词得体，表达意思准确无误。

例 [1-1]: The Russian and Chinese trade partners, besides the barter trade, are interested in cooperation and investment in manufacturing industry and in setting up joint ventures. The joint ventures will produce ready-made garments, leather manufactured articles, household equipment, and will engage in joint construction and operating of restaurants, hotels and hospitals in Russia and other states in the CIS. China proposes to set up economic and technical cooperative zones at the Russian-Chinese border, and free customs warehouses and other objects to be jointly operated by Russian and Chinese commercial organizations，the prospects of which will be carefully considered by Russia.

译文：除了对易货贸易感兴趣，俄罗斯和中国的贸易伙伴还对在制造业方面的合作、投资和成立合资企业感兴趣。这些合资企业将生产成衣、皮革制品、家用设备，并在俄罗斯和独联体其他国家合资建造和经营餐馆、旅馆、医院等。中国还提出在俄中边境建立经济技术合作区，建立由双方商务机构共同管理的免税仓库和其他设施的建议，俄方将对此进行审议。

例 [1-2]：This corporation is specialized in handling the import and export business in electronic products and wishes to enter into business relations with you.

译文：我公司经营电子产品的进出口业务，希望与贵方建立商务关系。

例 [1-3]：We are sorry to inform you that your price has been found uncompetitive，but we are still interested in doing business if you can bring down your price to a level acceptable.

译文：我们很遗憾地通知你们，你方价格无竞争力。若你方能降低价格，使我方可接受的话，我们仍对交易感兴趣。

二、力求简练，避免冗长啰唆

在外贸领域中，一般要求语言必须言简意明，即长话短说，力求简练，避免冗长啰唆。所以，表 1-1 中右栏的简明表达法在外贸英语中比左栏的一般表达法更受欢迎。类似于这样的例子，在外贸英语中随处可见。所以，以言简意明为词语选用准则，是外贸英语的主要文体风格和写作特点之一。

表 1-1 外贸英语表达法例表 1

一般表达法	简明表达法
at this time（此时，现在）	now
a draft in the amount of $2 000（金额为 2 000 美元的汇票）	a draft for $2 000
enclosed herewith（随函附上）	here
endorse on the back of this check（背书）	endorse this check
in accordance with your request（按你方要求）	at your request
for the price of $500（价值 500 美元）	for $500
make inquiry regarding（要求）	inquire
under separate cover（另函寄出）	separately

三、语言朴实无华，不矫揉造作

语言朴实无华，毫不矫揉造作是外贸英语的一大特点。在外贸语言翻译过程中，陈旧笼统的商业术语或套话要尽量避免，而要用朴素的语言方式进行表达，如表 1-2 所示。

表 1-2　外贸英语表达法例表 2

商业术语或套话	简明表达方式
We are in receipt of...（兹收到）	We have received...
We have to acknowledge...（兹收到）	Thank you for...
This is to inform you of...（兹通知贵方）	Pleased to tell you...
Please be advised that...（兹通知贵方）	Pleased to tell you...
Express my heartfelt gratitude to you for...（衷心感谢）	Thank you for...

此类表达不胜枚举，我们以下列两句为例来进行比较。

① Your kindness in granting us the term and confirming our orders was highly appreciated.

② Thank you for granting us the term and confirming our orders.

译文：请贵方同意我方付款方式并确认我方订单，我方不胜感激。

以上两句中，第①句商业套话浓重，显得矫揉造作，不适合商务语域；而第②句开门见山、直截了当、朴实无华、简明易懂，适合商务场合的特定要求。

四、句子精练，表达有效

在文体分析中，简明的选词、正确的语法和得体的用语可以使句子更精练，表达更有效。文体分析有别于语法分析：语法分析有规则可循，受规则制约；文体分析则无规则可循，受一定的原则制约。文体分析都是以特定的语境和文本作者的意图为依据的，同一词语在不同的语域里也许会产生不同的文体效果。

例 [1-4]：We have this day drawn the following bill of exchange on your esteemed firm—No.123，$500 000，payable at sight.

译文：我们于本日向贵公司开出第 123 号面额 50 万美元的汇票一张，见票即付。

分析：该句中的"draw on"并非常见的"吸收，利用"之意，而是"开立汇票"的意思；"payable at sight"是"见票即付"的意思。该句语言精练，具有典型的外贸文体色彩。

翻译过程中字数的多少、语句的精练程度都会影响到译文的表达有效性。

在外贸文体中，除合同中含有较长的句子外，其他文体的句子的平均长度常为 10～20 个词，一般不超过 30 个词，会尽量去掉那些可有可无的词语。

例 [1-5]：If the quantity that you are going to order is over 3 000 sets, we may agree to extend your date of payment for another month.

该句使用定语从句 "...that you are going to order..."，显得句子较为臃肿、冗长不清。为了利用有限的字数进行有效的表达，可对该句进行修改。

改写：We may accept deferred payment when the quantity to be ordered is over 3 000 sets.

译文：如果拟订购的数量超过 3 000 套，我们可以接受延期付款。

分析：句中用 "deferred" 一词修饰 "payment"，用 "to be ordered" 这个后置成分修饰 "quantity"，浓缩了句子内容，寥寥数词就把问题说得清楚明白，可谓文笔精辟、语言简练。

五、逻辑合理，意义连贯

每种语言表述结构都会以特定的意识形态为根据，不同的社会群体以及固定的社会文化团体所进行的相关贸易活动，都会有一个较为固定的语言表达表述方式与之相对应。外贸英语也不例外，它有逻辑合理、意义连贯的特点。逻辑合理表现为句子结构要合理、段落安排要合理、语篇思维要合理。意义连贯体现为上下句语义要连贯、段落与段落之间的内容要连贯、上下文之间的思路也要连贯。比如，当我们要写一封未按期交货的投诉信时，应先根据表达顺序列出大纲。

第一，要把供应商当初的承诺提出来。

第二，点明供应商没有履行承诺。

第三，把此次违约对你造成的损失提出来。

第四，提出索赔，并且希望理赔。

运用这种 "问题－解决型"（Problem-Solution Pattern）的语篇思维模式作指导，可以写出如下简明扼要、逻辑严密的信函。

Dear Sirs,

Our Order No. 2468

Your S/C No. 9501

We wish to refer to our Order No. 2468 and your S/C No. 9501, in which you promised to ship the goods we ordered in the middle of June and send them to Shanghai Port by the end of June.

But we'd like to call your attention to the fact that up to now, no news has come from you about the shipment under the captioned Order and S/C.

As we said, July is the season for this commodity in our market, and the time of delivery is a matter of great importance to us. The delay of your shipment made us lose US $200 000.

Under such circumstance, we have to lodge a claim of US $100 000 with you. We feel sure that you will give our claim your most favorable consideration and let us have your settlement at an early date.

Yours faithfully,

John Smith

译文：

尊敬的阁下：

我方订单号：2468

贵方合同号：9501

敬请贵方关注定单号为 2468、合同号为 9501 的合同订单，在该合同中，贵方承诺 6 月下旬之前将我方在 6 月中旬所定的货物发至上海港口。

需要提醒贵方的是，直至日前，我方尚未收到任何标示该合同号和订单号的货运信息。

我方曾经知会贵方，7 月是该货物市场热销之季，故运送时间尤为重要。因为贵方拖延运货，导致我方损失为 200 000 美元。

对于此次事件，我方必须向贵方索要赔偿 100 000 美元。希望贵方将对这一索赔要求认真考虑，尽早解决该问题。

致礼

约翰·史密斯

第三节　外贸英语翻译的原则

一、翻译的原则

外贸英语翻译工作需要译者具备较高的英语水平和较全面的国际经贸专业知识，还必须掌握外贸英语翻译的原则。严复曾提出将"信、达、雅"作为翻译的标准和原则，在外贸英语翻译中，能否达到"信"的标准也极其重要，它是检验翻译质量的首要准则。

目前我国一些翻译学专家还根据外贸英语和汉语的特点，提出外贸英汉翻译应遵守如下原则：忠实（faithfulness）、准确（exactness）、统一（consistency）。外贸翻译"忠实、准确、统一"的原则从根本上说适应了外贸语言与信息内容的特殊性，基本上能反映外贸英汉语言的变换标准，能满足外贸英汉翻译标准问题的特殊需要。

翻译的原则和标准实为同一事物的两个方面。所谓原则是就译者而言的，即译者在翻译时应遵循的原则；而标准则是就读者或评论家来说的，是评价译文优劣的标准。翻译的原则和标准是翻译实践的准绳和衡量译文好坏的尺度。

唐代翻译大师玄奘的译文体现了"既需求真，又须喻俗"的翻译标准。"求真"即忠实于原作，"喻俗"即译文应合乎汉语的表达习惯，能让译作的读者觉得通俗易懂。玄奘的"求真喻俗"反映了翻译的核心标准，与现代翻译标准相契合。

清末民初的翻译家严复提出了"信、达、雅"的翻译标准。"信"即"译文应表现出作者的真实意图"；"达"表示"译文应与原文表达同一个意思"；"雅"之意源自《左传·襄公二十五年》中的"言之无文，行而不远"，意思是"如果译文没有文采，就传播不远"。"信、达、雅"三者之间是相互关联的递进关系，"信"为基础，"达"为核心，"信达而外，求其尔雅"。然囿于时代，严复的"雅"指的是追求译文的古雅，使用"汉以前的字法、句法"，与时代发展需要相悖。

这三字翻译标准的提法简明扼要、层次分明、主次突出，虽争议颇多，却一直没有被翻译界摒弃。后人批判性地继承并发展了这一标准，将"信"解释为用现代汉语把原文翻译出来要做到"如实、恰当"，译文要准确无误、忠实于原文；"达"是指译文应通顺畅达，符合现代汉语的语法及用语习惯，字通句顺，没有语病；"雅"是说译文要优美、自然、生动、形象，能完美地表达原文的写作风格。试比较以下三种译文，体味翻译的"信、达、雅"。

例 [1-6]: Nobody grows old merely by a number of years. We grow old by deserting our ideals.

译文 1：没有人变老仅仅是因为岁月，我们变老是因为抛弃了理想。

译文 2：没有人会仅仅因为年岁的增长而变得衰老，我们是由于丧失了追求才变得衰老。

译文 3：年岁有加，并非垂老，理想丢弃，方坠暮年。

分析：该例英文源自德裔美国作家塞缪尔·厄尔曼的散文作品《青春》，原文文字不像一般散文那样平铺直叙，而是如诗歌般凝练热忱。本例所选的两个句子虽不是完全对等，但句式相同，结构基本一致，内容相互对照，且句子长度接近。译文 1 为直译，虽拘泥于原文的语序及句型，但准确译出了原文意思，可谓"信"。译文 2 不仅意思正确，而且根据中文思维习惯调整了语序，增加了一些文字，使译文的句意及因果关系表达得更为完整、生动，更符合现代汉语的语法及用语习惯，视为"达"。译文 3 是王佐良先生的译文，充分运用了修辞手段和措辞艺术，用四字格和对偶句对译文进行了再创造，言简意赅，对称工整且颇具古风，使译文在"信""达"的基础上，更进一步让读者体会到了原文的意境和写作风格等较为抽象的元素，具有一种接近诗歌的内在美感，达到了翻译"雅"的标准。

此外，我国译界大咖从不同角度阐释了翻译标准和原则。林语堂提出"忠实、通顺、美"的翻译标准；鲁迅认为"凡是翻译，必须兼顾两面，一是当然力求其易解，二则保存着原作的丰姿"；钱钟书认为"化"是文学翻译的最高标准，"把作品从一国文字转变成另一国文字，既能不因语文习惯的差异而露出生硬牵强的痕迹，又能完全保存原有的风味，那就算得上入于'化境'了"；张培基等提出"忠实、通顺"的原则，认为"忠实"是翻译标准中的首要问题，要忠实于原作的内容，保持原作的风格（即原作的民族风格、时代风格、语体风格，作者个人的语言风格等），"通顺"是指译文语言必须通顺易懂，符合规范。"忠实"和"通顺"，简明扼要与通俗易懂，两者相辅相成，全面顾及原作的内容、风格和语言，成为翻译实践中必须遵循的两项基本原则，也是翻译教学中最常用的标准。

西方有代表性的翻译原则首推 18 世纪英国爱丁堡大学历史学教授、翻译理论家泰特勒在《翻译的原则》一书中提出的三总则：翻译应该是原著思想内容完整的再现，译作的风格和写作手法应该和原著属于同一性质，译作应该具备原著所有的通顺流畅。

无独有偶，美国翻译理论家赫伯特·库欣·托尔曼同样将翻译标准定为三个：忠实、通顺和风格。托尔曼认为翻译并不是把一种外语的单词译成母语，而应该是原文中感情、生命、力度和精神的蜕变，"忠实"于原作的精神，不仅是其优美之处，也包括其不足之处；他的"通顺"是指译文必须是地道的译入语，必须自然流畅；而"风格"是说译作应通过重现原作在词汇、词序和修辞上的特色来再现原作的风格。

如果说我国诸家的翻译标准抽象笼统的话，尤金·奈达的功能对等（functional equivalence）原则使我们跳出了长期以来的"信、达、雅"之争，算得上是一条比较客观的评价标准。奈达用交际学理论诠释翻译过程和结果，使翻译的研究领域不再囿于语言层面，而是扩大到译文的使用者。由于交际是建立在功能对等的基础之上的，因此只有在功能对等的情况下，交流信息才能得以传达，译文读者才能获得与原文读者基本相同的感受和反应，交流的目的才能达到。于是，奈达将翻译的首要任务确定为"再现原文信息"，将翻译的性质界定为"灵活对等（dynamic equivalence）"，后为避免误解而改为"功能对等（functional equivalence）"。

所谓"功能对等"是指"译文读者对译文的反应等值于原文读者对原文的反应"。奈达强调"翻译必须以读者为服务中心"，故而一个翻译作品的优劣必须以译文读者的反应，而不是译者本人的主观感觉为衡量标准。由于原文与译文之间存在着较大差异，实际翻译中的"绝对对等（absolute equivalence）"难以达到，只能做到"基本对等（rough equivalence）"，因为"在翻译中要达到功能对等，使译文读者对所传信息的感情反应和原文读者的保持一致，是一个极其关键而又艰巨的问题"。这从以下三种译文给读者的感受中可见一斑。

例 [1-7]：It is seventy-two years since the first inauguration of a President under our National Constitution. I now enter upon the task for the brief constitutional term of four years, under great and particular difficulty. A disruption of the Federal Union here to fore only menaced, is now formidably attempted.

译文 1：自从第一任总统首次在我国宪法下宣誓就职以来，已经 72 年了。我现在在巨大而特殊的困难中，接受了这一任务，按照宪法担任四年的短暂任期。联邦的分裂，以前一直是威胁，而现在被有力地尝试。

译文 2：我国第一任总统在宪法下宣誓就职已有 72 年了。现在，我在巨大的特殊困难下接受这一任务，按照宪法规定担任短暂的四年总统职务。过去，联邦一直受到分裂的威胁，而现在这种危险更强烈了。

译文 3：自首任总统据我国宪法宣誓就职至今已 72 载。在此特别危难之际，我行将供任宪法规定之四年总统之职。我国联邦之分裂，昔日仅为危言耸听之词，而今已成殚精竭虑之举。

分析：这是林肯 1861 年总统就职演说的一部分。译文 1 仅按照英文原文直译，基本正确地翻译出了原文的意思，但没有考虑翻译的其他因素；译文 2 内容正确，适当调整了原文的语序，更符合中文思维方式和现代汉语的语法及用语习惯；译文 3 综合考虑了说话人的语言风格和说话场合，达到了翻译的更高标准。众所周知，林肯总统的"葛底斯堡演说"堪称英语典范，其语言简洁明快、意义深刻。译文 3 用半文半白的语言代替白话以示庄重，又用"危言耸听之词"和"殚精竭虑之举"这样的排比更为贴切地强调了林肯总统的说话语气和事态的严重性，符合林肯就职演说时的总统身份和场景，使译文忠实、通顺，且功能对等。可见，同一句话因人物身份或写作风格的差异可以采用不同的翻译方法，因而产生效果不同的译文。翻译是一种交流活动，翻译的原则和标准难以统一，故译文根据交流目的及译者对原文的理解可有所不同。虽然如此，翻译原则和标准在内容、表达和风格三个方面有本质上的共通之处，即翻译时既要对原作负责，忠实地再现原作的思想、信息、体裁和风格，又要对译文读者负责，在忠实于原作的前提下，做到译文通顺易懂、明白晓畅，尽可能符合汉语的用语习惯。

二、翻译工作者的基本原则

翻译教学涉及两种相互联系又各有目的的教学模式，即教学翻译和翻译教学。根据我国日前的实际情况和社会需要，我国的外语教学中，无论是非外语专业，还是外语专业，教学翻译和翻译教学这两种教学模式是不能脱离出来的，它们是相辅相成的。

我国各级英语教学中对翻译的基本教学要求正是从翻译的基本原则出发而制定的。从我国英语专业和非英语专业的英语教学大纲来看，甚至在各级英语过级考试中，我们都可以看出翻译的"忠实和通顺"始终贯穿于英语教学中。

我国高等院校英语专业对翻译的教学要求是分级的，如下所列。

①入学要求：能把高三课本难度以下的语句翻译成汉语，要求理解要正确、语言要通顺。

②二级：能独立完成课程中的各种翻译练习，要求理解准确、语言通顺。

③四级：能独立完成课程中的各种翻译练习，要求译文忠实于原文、表达流畅。

④六级：初步了解翻译基础理论和英、汉两种语言的异同，并掌握常用的翻译技巧。能将中等难度的英语篇章或段落译成汉语，译文忠实原文，语言通顺，速度为每小时 250～300 个英文单词；能将中等难度的汉语篇章或段落译成英语，速度和译文要求与英译汉相同。能担任外宾日常生活的口译。

⑤八级：能运用翻译的理论和技巧，将英美报刊上的文章以及文学原著译成汉语，或将我国报纸、杂志上的文章和一般文学作品译成英语，速度为每小时 250～300 个英文单词。译文要求忠实原意，语言流畅。能担任一般外事活动的口译。

高等院校英语专业四级、八级考试对翻译的测试要求如下所列。

①汉译英项目要求应试者运用汉译英的理论和技巧，翻译我国报纸杂志上的论述文和国情介绍，以及一般文学作品的节录，速度为每小时 250～300

字。译文必须忠实原意，语言通顺。

②英译汉项目要求应试者运用英译汉的理论和技巧，翻译英、美报纸杂志上有关政治、经济、历史、文化等方面的论述文以及文学原著的节录，速度为每小时 250 ～ 300 词。译文要求忠实原意，语言流畅。

我国高等院校非英语专业大学英语教学对翻译的教学要求也是分级的。由于大学英语教学分为基础阶段（一至二年级）和应用提高阶段（三至四年级），全国高等院校非英语专业英语教学大纲对翻译的教学要求也分为两个阶段。

①基础阶段对翻译的基本要求（达到四级）：能借助词典将难度略低于课文的英语短文译成汉语，理解正确，译文达意，译速为每小时 300 个英语单词。能借助词典将内容熟悉的汉语文字材料译成英语，译文达意，无重大语言错误，译速为每小时 250 个汉字。

②基础阶段对翻译的较高要求（达到六级）：能借助词典将难度略低于课文的英语短文译成汉语，理解正确，译文达意，译速为每小时 350 个英语单词。能借助词典将内容熟悉的汉语文字材料译成英语，译文达意，无重大语言错误，译速为每小时 300 个汉字。

③应用提高阶段的专业英语对翻译的教学要求：能借助词典将有关专业的英语文章译成汉语，理解正确，译文达意，译速为每小时 350 个英语单词。能借助词典将内容熟悉的有关专业的汉语文字材料译成英语，译文达意，无重大语言错误，译速为每小时 300 ～ 350 个汉字。

④应用提高阶段的高级英语对翻译的教学要求：能借助词典将有一定难度的英语文章译成汉语，理解正确，译文达意，语言通顺，译速为每小时 400 个英语单词。能借助词典将题材熟悉的汉语文章译成英语，内容完整，译文达意，语言通顺，译速为每小时 350 个汉字。

英语自学考试大纲对翻译的基本要求是能将阅读的材料译成汉语，译文基本正确，文字通顺，笔译速度达到每小时 300 个英语单词。能把结构不太复杂、由常用词构成的汉语句子译成英语，译文基本正确。

可见，忠实和通顺是翻译实践中必须遵守的原则。要达到上述原则，必须不断提高英汉两种语言的水平，掌握丰富的知识，熟悉英汉两个民族国家的社会风俗，了解他们的政治、经济、历史、文化等各方面的情况，并且还要掌握一定的翻译方法和技巧。

三、外贸英语翻译要遵循的原则

（一）忠实原则

外贸英语翻译的忠实原则表现在准确无误地将原文中的语义和内容用译文语言表达出来，这里所说的忠实没有强制要求语法与句子结构的一致，但是信息内涵上必须一致，因为在商贸活动中信息传递靠的是信息等值。对外经济贸易活动涉及重大的经济利益，因此翻译时要十分严谨、正式和规范。译者对外贸原文的语义一定要有正确的理解，不能遗漏或模糊理解原文中的信息，外贸翻译中的"忠实"原则不同于文学翻译中的"相近"与"相似"。

"忠于原文"顾名思义是指在翻译过程中，译文和原文要保持一致。这主要体现在内容和形式上都要保持一致。因为文体或者文本类型往往不同，所以这一标准运用在外贸英语翻译和文学翻译中就存在着差异。文学翻译过程中既要求语义要忠于原文，又要求在结构类型、语法修辞、语气等方面也要与原文保持一致。然而，外贸英语翻译主要着重于信息等值方面，在结构类型、语法修辞、语气等方面没有过多的要求，当然能一致最好。如果因为两种语言的表达方式差异太大而使译文与原文不能保持语言格式的一致，此时应忽略形式遵循实质，这也体现出了实质大于形式。当然，在外贸英语翻译过程中，原文中的内容能否在译文中"忠实"地表达出来，就要看原文和译文各自的语言特点和表达的习惯来定了，总而言之要忠实原文又不能千篇一律，更不能搞一刀切。

例 [1-8]：Now the Bank of China also deals in such business as project financing medium and long-term export credits，cash management，international syndicated loans，bonds，swaps and practicing the management of assets and liabilities with a view to limiting the interest rate and exchange rate risks and to achieving rational coordination of profitability，liquidity and security of its funds.

原译文：现在，为了限制利率和汇率风险，取得其资金的盈利性、流动性和安全性的合理协调，中国银行还经营诸如项目融资、中期和长期出口贷款、现金管理、国际银团贷款、债券、掉期、资产贷款管理等业务。

分析：此句专业术语较多，译者由于不熟悉相关业务，在两处产生了错误。句中的"credits"原意为"信贷"，而不是"贷款"（loan）；"liabilities"原意为"债务"，也不是"贷款"。由于原译者没有准确理解英文术语的含义就将其再现到译文中去，造成了信息传递的不等值。

正确译文：现在，为了限制利率和汇率风险，取得其资金的盈利性、流动性和安全性的合理协调，中国银行还经营诸如项目融资、中期和长期出口信贷、现金管理、国际银团贷款、债券、掉期、资产负债管理等业务。

例 [1-9]：初期定低价策略也有益于降低实际和潜在的竞争，进而也是保护公司的重要因素。

译 文：A low initial price strategy also has the benefit of discouraging actual and potential competition and is consequently an important protective element in the firms.

分析：在英语译文中，"降低竞争"这里译为"discouraging"是非常准确的。表"降低"之意的英语有"reduce，cut down，drop，lower"等，但它们都不如"discourage"来得贴切。因为"discourage"的意思是"为减少……热情而限制或阻止"；"reduce"的意思是"减少"；而"drop"的意思是"下降"。这几个同义词都只有从程度上"降低"的意思而没有"discourage"的"为减少……热情而限制或阻止"的内涵，故译文中"discourage"一词在此使用得非常恰当。

例 [1-10]：纽约 ECO 集团拥有 5 个控股子公司。

译文 1：New York ECO Group has 5 share-holding companies.

译文 2：New York ECO Group is a holding company of 5 subsidiary companies.

译文 3：New York ECO Group holds shares of 5 subsidiary companies.

分析：译文 1 中，由于译者欠缺商贸知识，把"控股子公司"翻译为"share-holding companies"；而"share-holding company"指"控制或者持有某公司股权的股东公司"，译文 1 的意思是 5 个公司持有纽约 ECO 集团的股份，不符合中文原意。

译文 2 和译文 3 都对原文信息进行了忠实传递，符合原文的意义，达到了翻译的基本要求。

例 [1-11]：中国民生银行有限公司发展迅速。

译文： China Minsheng Banking Corp.，Ltd. is developing rapidly.

（二）精确原则

作为外贸英语翻译的第二条原则"精确"，它是指语言翻译工作者在翻译原文的内容时要做到词语表达准确、概念表达确切，尤其是物品的名称一定要正确，数字和单位要精确。外贸英语翻译和文学翻译在译文表达精确这一原则上也有不同。文学翻译中经常会用到比喻、拟人、拟物、夸张等修饰的方法，而外贸英语翻译中则很少会用到。因为外贸英语交流往往发生在具有不同文化背景的贸易经营者之间，具体包括书信、经济合同、保险、说明书等，内容比较具体，文体比较严肃，有些还具有法律作用，不能随意改变，稍有大意或者表达不准确都有可能会造成严重后果。

外贸英语翻译要求语体相当，即译文在措辞、句法、格式、语气等方面也要符合经济贸易信息传递的需要。译文的语言正式、庄重、严谨，话语体相当，是外贸翻译成功的重要标准。

例 [1-12]：The actual date of the completion of the purchase shall coincide with the availability of the new facilities.

原译文：到新设备供应时再进货。

分析：英文原文是正式、规范的经贸函电或合同用语，原译文虽简练，但口语体明显，有失得当。

正确译文：购买达成的实际日期应为新设备送到之日。

例 [1-13]：热烈欢迎国内外客商来我厂洽谈订购。

译文 1：We warmly welcome both Chinese and foreign businessmen to our factory to hold trade talks and place orders.

译文 2：We welcome enquiries and orders.

分析：译文 1 与原文可谓词词对应，并无语法错误，但是业内人士更倾向译文 2。因为经贸语言的特点是规范、简明、有效。译文 1 按照汉语的思维方式亦步亦趋地表达，啰唆烦琐，译文 2 言简意赅，且规范文雅。

例 [1-14]：The date of goods having been unloaded at the port of destination shall be the actual delivery date of the equipment.

原译文：货物在目的港卸下之时就应该是设备实际交货之日。

分析：该译文中"……之时，就是……之日"的句式与科学概念上的"时"和"日"是不对应的。"date"包括年月日的具体内容，因此这种译文无疑缺乏翻译的准确性、严谨性和科学性。

正确译文：货物在目的地港卸下的日期应该是设备的实际交货日期。

例 [1-15]：Let us know the detailed information on your market.

原译文：请告知我方知晓你处市场详细情况。

分析：该译文比较啰唆，且译出代词"us"我方，实属多余。

正确译文：请告知贵方市场详情。

（三）符合外贸习惯原则

外贸英语在经历过了这么长时间的发展和实践后，慢慢形成了许多固定的词句还有习惯性表达方式。这个领域的翻译工作者在翻译过程中必须要遵守这些习惯性的表达方式和固定的词汇，这样才可以使译文准确无误地表达出原文的内涵，也可以让译文需求者正确地理解出原文所表达的主旨。就算翻译中有少数不正确或者不够完美的地方，只要能被外贸领域的商家们所接受也是可以的。所以说译者不要想着去改变这些固有的习惯，而是要去遵循和接受，这样不仅符合行业惯例也不容易导致误解和分歧。

翻译工作者要掌握英语的习惯用法并且要熟悉英文语法，这样可以避免因中西方文化思想和一些思维方式的不同给翻译工作造成的障碍，同时要增强对两种语言的理解和运用，克服在翻译过程中本国的语言和文化的影响，尽量避免不符合习惯的类推，从而提高翻译的效率和质量。

例 [1-16]：The importer draws a cheque in favor of the exporter.

译文：进口商开了一张付款给出口商的支票。

分析：句中的"in favor of"在外贸英语中也有其习惯用法和特殊的意义，翻译时需要引起注意。"in favor of"根据上下文应译为"以某某为受益人"，而不应译为"支票"或"有利于"。

例 [1-17]：This trade company is in the red.

译文：该贸易公司陷入负债之中。

分析：在外贸英语中，"in the red"意为"负债、亏损"，与颜色之意无关。

（四）得体原则

这一原则中的"得体"是指翻译出来的译文的总体风格要保持原文的文体风格，具体来说就是译文在措辞、句法、格式、语气等方面都要符合外贸文体规范，用词得当，能够保持原文的文体和语言特点。外贸语言在文体形式上具有稳定的表达程序和文体结构，语气公正、客观、严谨，其目的是准确传达外贸信息，促进交易双方达成外贸合作。

翻译可以说就是语言中介，用来传达信息，所以能否做好这个中介，是受很多因素影响的，如下所示。

①被翻译文章的可信度。

②文章的类型。

③译文读者。

④原文在使用中的风格以及翻译的目的。

在翻译中，翻译工作者很难了解和掌握原文读者对文章的理解以及译文读者对译文的反应，所以翻译工作者不了解原文和译文中的文化特点，也就很难做好翻译工作，很难达到翻译目的了。

中西方人本来对事物的认知、观察和思维上都有所不同，所以对同一事物的特征和属性也会有不同的理解和不一样的表达方式。翻译工作者必须了解清楚中西方对某一具体事物各自不同的表达方式，克服不同的英汉表达形式，以达到意义上的对等翻译。外贸英语翻译的同时不能只局限于查询字典、逐字翻译，更应该注重对外贸英语知识的学习、掌握外贸英语在翻译中的特点、了解外贸术语的运用方法、熟悉常用的表达方式，平时更要注重英语语言知识和外贸专业知识的积累，更好地消除翻译中的障碍，达到准确无误、忠实可靠地传递信息的目的。

例 [1-18]：要努力生产适销对路的名优新产品和"拳头"产品，打入国际市场。

译文：Efforts must be done to turn out premium and novel products with a ready market or the so-called "knockout" items that can edge their way into foreign market.

分析：句中的"拳头"（fist）无法直译，只能舍弃原来的意象，转换成一般的叙述"knockout"（引人注目的，轰动的），否则会使得外国读者费解。在汉文化中，用"拳头"形容产品能够达到形象生动的效果，而英语"fist"一词指"clenched hand"，是静止的，无法表达动态的、栩栩如生的形象。

（五）准确原则

不管是商业来往的书信、经济合同、相关的文件、产品类说明书和各种各样的单据，还是经济案例的申诉、仲裁、判决文书，在翻译中都要将准确放在首位。遵守准确原则，要求译者做到以下几个方面。

一是根据内涵选词。翻译原文时不能简单地从词典里生套出来，那样不可靠，也不能想当然地对号入座。

二是不要选择容易混淆的词语。对外贸易文件要求内容不仅要严肃具体，也要表达准确。翻译时不要选用易混淆的词语，以免造成词不达意、内容模棱两可。

三是准确理解原文含义。外贸英语翻译中的很多错误都是因为对原文理解不正确所导致的。

外贸英语翻译的准确原则不只是限于字面上的一致，而是从词义和专业上去深刻地理解原文的含义，达到准确无误。

例 [1-19]：Your shipping advice should be sent to us within 24 hours after shipment.

译文：你方的已发货通知应在装运后 24 小时之内发送我方。

例[1-20]：We trust that the above-mentioned shipping instructions is clear to you and hope that the shipment will give the users entire satisfaction.

译文：我们相信贵方已了解了上述装运通知的内容，并希望此货物会让用户满意。

例[1-21]：Please make sure that your shipping note is all right.

译文：请确保你方的装船通知单准确无误。

分析：以上3句中的3个术语"shipping advice, shipping instructions, shipping note"都有"发运通知"的意思，但又各有不同的含义。"shipping advice"指"已发货通知"，即由出口商制发的通知用户的货物已经装船的一种单据，包括合同号、信用证号、数量、船名、金额等。"shipping instructions"指"装运通知"，即由一个出口商制发的通过其货运人和运输代理送交船主的一种单据，给予他装运指令以及有关托运的详细信息，也指进口商在发货前发给出口商的有关装运的具体要求。"shipping note"则指"装船通知单"，即指船主制作的、通知码头管理人员有关待装船货物细节的单据。

例[1-22]：双方同意将交货期改成12月，并将美元折合成欧元。

译　文：Both parties agree to change the time of shipment to December and change US dollar into Euro dollar.

分析：翻译时需要注意"change A to B"和"change A into B"的区别，前者意为"把A改为B"，后者意为"把A折合成或兑换成B"。

例[1-23]：双方都应该遵守合同规定。双方的一切活动都应该遵守合同规定。

译文：Both parties shall abide by the contractual stipulations. All the activities of both parties shall comply with the contractual stipulations.

分析：英语中"abide by"和"comply with"都可以意为"遵守"。当主语是人时，须用"abide by"；当主语为物时，则用"comply with"。

（六）统一原则

外贸英语翻译的统一原则是要求在翻译过程中同一名称或概念在任何时候都要保持统一，不能将同一名称或概念随意变换。所以，外贸翻译的统一原则在一定程度上还依赖于广大译者的共同努力以及权威部门的统一规定。有些新词在出现和流通的初期，翻译出的译名往往五花八门，没有统一的规范或权威译法，给译者带来较大的麻烦，同时对经贸活动的开展也有不利影响。因此，在外贸英语翻译领域，统一原则就显得尤为重要。

　　在外贸英语翻译领域中，翻译工作者要广泛地参考查阅国际商贸英汉语文献，使外贸翻译领域中通用的词汇和术语遵循翻译的稳定性和统一性。

　　例如，"保税区"在我国常见的译名是 free trade zone，而实际上我们所谓的"保税区"与 free trade zone 有所不同。西方国家的 free trade zone（area）一般指"在一个实行区域经贸合作机制的地区或组织中，其成员之间互不征税，但是该组织对外设立统一的税率"。我国的"保税区"的功能和性质应与 foreign trade zone 相一致，目前也有 bonded zone 这个译名见于出版物，且该译名比 foreign trade zone 更准确。此外，"绝对优势理论"应是 absolute advantage theory，而不是 overwhelming superiority theory；"相对优势理论"应是 comparative advantage theory，而不是 relative advantage theory；"可兑换货币"应是 convertible currency，而不是 changeable currency。

（七）简洁原则

　　外贸英语的翻译用词要简单明了，不能啰里啰唆。准确简洁的翻译是促进外贸活动顺利进行的关键。

　　翻译人员要加强自己的责任心，了解和掌握经济贸易方面的知识，同时提高自己的中英文水平。翻译过程中要具体情况具体应对，不仅要使翻译准确通顺，同时也要遵循贸易活动双方的语言习惯和社会文化习俗。

第二章 外贸英语翻译的现状

在外贸活动中，英语是使用最普遍的语言，英汉、汉英翻译也是外贸业务中不可或缺的一种手段。针对目前外贸英语翻译的现状，本章分为外贸英语翻译的重要性、外贸英语翻译的研究现状、外贸英语翻译标准的研究现状三个部分。主要内容包括：翻译的定义及性质、英语翻译的重要性以及外贸英语翻译的重要性、中西方英语翻译的研究发展及外贸英语翻译的现状、翻译的标准与过程等。

第一节 外贸英语翻译的重要性

一、翻译概述

（一）翻译的定义

何谓翻译？简而言之即"换易言语使相解也"，就是用一种文字将另一种文字的意思呈现出来。

自人类沟通交流伊始，翻译活动就相伴相随。中国有文字记载的翻译活动始于公元前 1 世纪《越人歌》的翻译，西方最早的翻译是公元前 3 世纪《圣经》的翻译。在漫长的两千多年的翻译历史长河中，古今中外的翻译名家从不同角度对"翻译"进行了界定和阐释，反映了人们对翻译实践活动的认识。

最初，译者多用比喻的方式概括自己对翻译的理解，认为翻译"如翻锦绣，两面俱华，但左右不同耳"。也有人说翻译是一个沟通原作者思想与读者思想的桥梁和渠道。

后来，学者们开始从语言学角度界定翻译。美国学者奈达认为"所谓翻译，是指首先在意义上，其次在风格上，用自然流畅的译语再现与源语信息相当的对应信息"。我国当代著名翻译家张培基则认为"翻译是运用一种语言（即译语 target language）把另一种语言（即源语 source language）所表达的思维内容准确而完整地重新表达出来的语言活动"。随着翻译实践活动的多元发展和人们对翻译认识的深化，学者们发现翻译不仅是一种涉及两种语言符号对应关系的技巧和能力，而且还是一种需要融合多种学科才能产生上乘译作的技艺，包括语言学、文化人类学、心理学和交际学等。

翻译定义的衍变反映了翻译实践活动的动态变化，并指导着翻译实践。语言学视角下的翻译定义从实用的角度科学地揭示了翻译的本质特征，即把一种语言文字所表达的意义完整、准确地用另一种语言文字进行表达，是一种比较性的，跨语言、跨文化、跨时间、跨空间的，复杂的言语交际活动。

（二）翻译的性质

1. 个体性

尽管随着科学技术的发展，人工智能技术也具备了翻译的功能，但是由机器翻译的文本与译者的作品之间还存在着一定的差距，对于词语释义和文章风格的把握依然不是很成熟，因此，如今的翻译活动仍然将人作为主要的翻译主体。在翻译活动中，由于每位译者的教育背景、文化修养、价值观、表达能力等各不相同，他们对英语原文的翻译都是基于自己的理解完成的，因此，翻译的作品必然会带有不同的个人色彩，这也体现了翻译具有个体性的特点。

2. 艺术性

翻译是一种关于文字的创造活动，在这种活动进行的过程中，人们往往会通过制定一些规则来保证其具有一定的价值和达到一定的效果。其中艺术性就是这些表现之一。翻译的艺术性可以通过它的普遍性、依附性以及变通性来阐述。首先，普遍性是指译者对待所有要翻译的文本都需要遵守一样的原则和方法，在将意思明确表达出来的同时还要考虑语言的美感和通顺。其次，依附性是说翻译虽是一种创造活动，但是它要依附于所要翻译的原文存在，如果没有了原文，翻译就没有了根本，也就不能独自进行创造。在翻译的过程中，原文的写作风格、文化传统、风俗习惯等也都是译者要参考和遵从的方面。最后，变通性则是指翻译不能教条死板，翻译后的文字既要符合本国读者的语言习惯，又要忠于原文意思。

3. 创造性

翻译是一种关于文字的创造活动，既然是创造活动，就一定具有创造性的特点。一方面，从遣词造句的角度来说，翻译是需要译者根据原文的意思从译语范围中选取合适的词语进行重新整合的，这一过程需要一定的创造性；另一方面，翻译不是简单的意思呈现，它最终的成品还需要具有一定的美感和结构，这些也需要通过创造力进行，由此可见，创造性是翻译的性质之一。

4. 社会性

翻译作为一种针对不同语种而进行的具有目的性的特殊的交流活动，其产生背景必定与社会有关。在不同的社会需求、社会因素的作用下，所产生的翻译类型、翻译风格、翻译理论等也是不同的。我们也可以这样理解：翻译是一种依附于社会的文化活动，它既反映了社会的精神需求和接受程度，又能够促进社会文化的发展，它贯穿于社会发展的全过程。翻译具有社会属性，它反映了不同历史时期的民族文化心理和社会接受程度，是一种社会文化活动，更是一种社会现象。

5. 部分性

在翻译过程中需要考虑方方面面的内容，例如，与原文的意思是否一致、与原文的风格是否相符、是否将原文的思想表达明确等，这些都是需要注意的内容，但这只是理想情况下的翻译，实际上，大部分译者都主攻其中的一方面。也就是说，译者会根据当时的社会背景、个人经历、翻译要求等对部分内容进行省略或简单翻译。因此，翻译并不是完整的内容呈现，它有着部分性的特点，译者只需呈现原文的中心内容和核心思想即可。

6. 多样性

翻译的多样性体现在翻译过程的方方面面，从翻译方法的多样性到翻译形式的多样性，从翻译词汇的多样性到翻译修辞的多样性等，无一不呈现出翻译的灵活性。翻译最终并不是只有一种结果，每位译者的翻译风格都不相同，尽管他们所表达的意思都是以原文为基础的，但这并不意味着最终的译文都是一样。由于语言的丰富性，翻译也呈现出了多样的色彩。

7. 忠实性

（1）功能的忠实

所谓功能的忠实，即原文的功能什么样，译文就应呈现出这种功能。语言具备了以下六种翻译功能。

①表情功能：主要表达发话人的思想与情绪。

②信息功能：主要是对现实世界的反映。

③祈使功能：主要是使读者能够理解文本内容。

④美感功能：主要是使感官愉悦。

⑤应酬功能：主要是使交际者之间保持接触的关系。

⑥元语功能：主要是语言对自身功能及特点的解释。

（2）文体的忠实

不同的文体对忠实性有不同的要求。以文学翻译与应用文翻译为例，文体的忠实性要求使原文的风格得到再现。

①在翻译文学作品时，应该使原文的风格得到充分再现，原因在于只有在不改变原文风格的基础上进行翻译，阅读译文的读者才能与阅读原文的读者获得相同的感受。但是，译者应运用与译语相符且自然的语言再现原文的内容。

②在翻译应用文时，如果原文的风格相对正式，那么翻译时应向译语中相应的格式进行转换，才可以准确地体现出原文正式的风格。

二、英语翻译的重要性

翻译是人类社会历史最悠久的活动之一，几乎与语言是同时诞生的。从原始部落的亲善交往、文艺复兴时古典古籍的发现和传播，直至今天世界各国之间文学、艺术、哲学、科学技术、政治、经济的频繁交流与往来，维护世界的安定和持久和平，翻译都发挥了不可估量的作用。

英语翻译的目的和本质是什么？怎样做出理想的英语翻译？这些是任何一个英语翻译理论研究都不能避免回答的基本问题。随着英语翻译活动的发展，一系列实用的或科学的英语翻译理论诞生了。英语翻译是一种语言学的活动，因为它是将源语转换成目的语的活动，但是如果我们停留在这一点上就必定会产生一些错误和误解，此外，一些文化信息和一些暗示也不能传达给读者。英语语言和英语文化之间的紧密联系决定了文化在英语翻译过程中扮演着一个重要的角色。译者除了要理解原文的字面意思外，还必须重视其中的文化意义。因此，英语翻译既是一种语言学活动，又是一种文化活动。

在英语翻译时，人们通常会将英语语言学作为首要选择，来从中找寻解决问题的方法和策略，这一选择可能会导致英语翻译被归为英语语言学领域，尤其是纳入现代语言学以及结构语言学中。但是，译者在进行英语翻译时，通常把一些具体的意义注入缺少意义的话语中，这样才是具有意义的英语翻译，其中，语言是这一具体意义的载体。这一观点将英语翻译看作一个通道，通向跨文化、语言以及思想的道路，真正把英语翻译和语言学分离开来。单纯地依靠语言学上的一些分析技巧来解决英语翻译中的各种问题是不够的，需要理解各种语言中的文化，将文化融于翻译中。

（一）体现语言和文化的交流

在先进的社会中，语言能够促进文明的发展，掌握一门语言需要通过学习才能获得。语言是人类沟通必不可少的一项工具，人们通过语言来互相交流思想观念、传达意见。语言是文化的重要组成部分，其在文化中占有着重要的地位。因此，在英语翻译时，不能将语言和文化分离开来，否则会在翻译时出现错误。文化通过语言来表达、传播，语言是文化的重要载体，语言融合文化是英语翻译的一项重要策略。

英语翻译就是把英语转换成目的语的翻译。不可否认的是英语翻译是语言学的一种活动，而语言又是和文化紧密相关的，这两者之间的关系也使得英语翻译与文化紧密相依。英语翻译既要跨越英语语言障碍，又要越过文化藩篱，如此，英语翻译这项语言学活动充满了困难。理想翻译的目的和翻译标准之间不可避免地存有一些矛盾。

功能对等这个翻译术语是奈达提出来的，他强调目的语的阅读理解效果要和源语的原文大致相等，不可偏离。详细说来就是，目的语和源语的一致首先体现在意思表达上，其次是风格上，要使用最自然的、和原文最接近的对等语。

如此，我们有了一个非常清晰的认识，要实现最可靠的英语翻译，译者在对文化内涵进行深刻理解后，使用目的语准确地传递信息异常重要。文化在英语翻译中扮演着两个不同的重要角色：其一，两种不同文化之间的相似性使得翻译更加容易进行；其二，文化的相异性又为翻译增添了困难障碍，即便如此，为了实现动态的对等，人们还是竭尽所能去寻找一些好方法。

（二）培养跨文化意识

英语翻译活动不是简单的语言传递，也不是机械的语言转换，它是一种跨文化的交流活动，它活跃于两种文化之间。因此，如果对文化之间的差异没有一个清晰的认识，则会导致翻译活动难以进行。文化差异所造成的障碍是学生在英语翻译过程中遇到的最大的障碍，所以，在英语翻译教学中必须积极地传授中西方文化背景知识。

1. 了解地域和历史方面的文化差异

地域文化是一种文化现象，地域文化的形成受到该地域自然条件和地理环境的影响。地域文化的表现形式是面对同一种现象时，不同的民族所采用的言语表达形式也有所不同。"雨后春笋"在汉语中常常表示不断涌现的新事物或者是蓬勃发展的新事物，但是在英语中表达这一意思的词却是 spring up like mushrooms（蘑菇）；"多如牛毛"在汉语中常常表示"多"，而英语中表达"多"

时常常用 plentiful as blackberries（草莓）。

在英语翻译的过程中，有些词语在翻译时不能仅仅停留在字面含义上，而应当在深刻了解其文化差异以后再进行翻译。语言表达能力离不开特定的历史文化，由于历史文化之间的差异，译者在翻译英汉两种语言时经常会遇到难题。例如，"三个臭皮匠，赛过诸葛亮"。在中国历史上，诸葛亮是一个著名的人物，几乎无人不知，诸葛亮的机智、善于谋略的形象深深地刻在了人们的心中。但是西方的读者有可能不知道诸葛亮是谁，同样也难以理解他与"臭皮匠"的关系，如果逐字逐句地进行翻译则难以表达出句子背后的文化含义。这时，就需要译者采用增译的方法，充分地体现源语言的信息。

2. 了解宗教信仰的差异

人类文化的组成部分有很多，宗教文化就是其中之一，且占据着非常重要的地位。宗教文化是由民族的宗教意识和民族的宗教信仰组成的，不同民族的宗教文化差异主要表现在崇尚、禁忌等方面。在翻译的过程中应当特别注意中西宗教文化之间的差异。佛教对我国文化的影响最为深刻，苦中作乐、天花乱坠等成语都和佛教相关。如果翻译者对宗教文化背景不了解，那么在翻译时就难以将语言蕴含的宗教文化展现出来。相比而言，欧美人就比较相信基督教，他们相信一切都是由上帝创造的。在不了解他们这种宗教文化背景的情况下，译者在翻译相关语句时就难以将其含义声情并茂地表现出来。

3. 了解中西方思维方式和价值观的差异

文化的差异还体现在人们思维方式的差异上，人们生活的区域不同，所具有的文化特征也不同，所形成的思维方式也存在着差异。英语民族的思维方式具有个体性、独特性，而汉民族的思维方式具有整体性、综合性和概括性。从语言方面来看，英语偏好具体的、细腻的词语，而汉语偏好概括的、模糊的词语。由于各个民族具有不同的思维方式，各个民族通过不同的方式创造的文化各不相同，而表达这种不同的载体是语言。在翻译的过程中由于中西方思维方式之间的差异，有一些词语可能会出现不同的引申义，正因如此，我们要避开翻译陷阱。

价值观是一种观念，它是一种为人处世的准则，包括以下几方面：①人的伦理道德；②人的意识形态；③风俗人情；④人的宗教信仰。价值观不仅是特定文化的核心，还是人们生活方式的核心，它在两种语言中都有所体现，翻译工作者应当加强对价值观的重视。

（三）促进人类的进步和文明的发展

在经济全球化的今天，英语翻译几乎无处不在、无时不有。英语作为一种文化载体，代表着先进的科学技术的发展成果。同时，英语作为一种交流的工具，需要顺应潮流，充分发挥其文化载体和交流工具的功能，传播和融合不同地区、不同民族、不同属性的文化，促进国际经济交流和科学技术的发展。

三、外贸英语翻译的重要性

外贸英语翻译即在具体外贸活动中译者与参与外贸活动的相关人士之间发生的语言交际行为，在该交际行为中译者将相关人士所要交流的源语外贸信息通过译语传达给使用者。

在 21 世纪的中国，改革开放正在深化和发展。中国加入世界贸易组织之后，与世界各国在经济、文化、教育、投资以及其他领域内的交流和合作更加密切和频繁。外贸英语已成为世界经济活动中必不可少的语言交际工具。据统计，全世界 16 亿以英语为第一语言、第二语言或外语的人群中几乎 90% 的人每天都在与外贸英语打交道，可见外贸英语的应用十分广泛。

作为中国与世界其他国家外贸交流的纽带和桥梁，外贸英汉和汉英翻译近年来供需矛盾非常突出。随着中国的国际交流与合作的领域不断扩大，外贸汉英互译的任务日趋繁多，这令各行各业的译者应接不暇。没接触过外贸英语，也缺乏外贸业务知识的译者，恐怕难以将下面的汉语句子译成正确而又专业的外贸英语："本合同规定美元的价值由议付日中国银行公布的美元对德国马克、法国法郎的平均买卖汇率的比率来确定。"这个汉语句子专业性强，若不熟悉外贸英语合同付款的表达法，译者必然无从下笔，仅"本合同规定""议付日"和"美元对德国马克"中的"对"字，就可使其颇费周折。上句英语译文的表达也许会出乎你的意料，请看："The value of US dollars under this contract is determined by the ratio of the mean buying and selling rates of US dollars against Deutsche marks and French francs published by the Bank of China on the date of negotiation."。不了解外贸英语合同付款表达法的译者也许想不到用 under this contract 来翻译"本合同规定"，更想不到"美元对德国马克"中的"对"字该用 against 而绝不是 to。这一翻译事实说明了外贸翻译工作不仅依赖译者的英语水平，而且还需要译者有外贸知识。然而，译者具备了英语技能和外贸知识之后，也不一定能有效地从事外贸汉英互译。译者还必须掌握外贸汉英互译的原则、技巧和特点以及常用外贸性文章的翻译方法。

第二节　外贸英语翻译的研究现状

一、中西方英语翻译的研究发展

（一）中国翻译的研究发展

1. 中国古代翻译的发展

（1）鸠摩罗什的翻译理论

鸠摩罗什是一名印度人，其于东晋后秦时来华，译经300多卷。他主张意译，使以往音译的缺点得到了极大的改变。他的译著有《天然西域之语趣》，忠于原作，在很大程度上奠定了我国翻译文学的基础。

在他看来，虽然在梵语转化成汉语时能够不失大意，但在文体上总是隔了一层，其宫商体韵不仅无法经过翻译传达，甚至也会丧失文藻。所以，他尝试改进译经文体，使其既通俗，又极具文学色彩，并且也能保留原作的风姿。

在文质问题上，他认为只要原作的意图不丢失，那么就没有必要始终坚持原文的形式，在存真原则的指导下能够"依实出华"，从而达到辞旨婉约的效果。另外，他还对与译名相关的问题提出了独到的见解，即可以对那些很难找到对应汉语的梵语采用音译法。

（2）赞宁的翻译理论

关于"译字和译音"，赞宁提出了以下四种情况：译字不译音、译音不译字、音字俱译和音字俱不译。重译是指我们常说的转译或间接翻译，也就是用汉语文本翻译胡语佛经文本；而直译就是直接翻译，即用汉语文本直接翻译梵文佛经。

根据赞宁的说法，从文辞角度来说，佛经有粗有细。粗语的意思就是"泛尔平语言辞"，而细语就是典正言辞。所谓直语，即在日常生活中常会用到的平白话语；所谓密语，即存在于宗教之中的神秘词语。

在赞宁看来，就文体风格而言，在翻译佛经时不应该过于极端，其语言风格还是应该恰当地保持在雅俗之间。译文的语言也要与通行的风格相符，直到实现准确传达佛旨的目的。

（3）徐光启的翻译理论

徐光启是明末著名的翻译家、政治家和科学家，曾翻译过《泰西水法》《几何原本》等著作。虽然徐光启并没有留下系统的翻译理论，但是，他零散在译文序言中的翻译思想是有着积极影响的。这种思想主要体现在以下三方面：明白翻译的重要性，翻译即吸取其他国家长处的手段与先决条件；提出翻译时要抓重点，抓"急需"；翻译目的即"以裨益民用"。

2. 中国近代翻译的发展

在鸦片战争到五四运动这一时期所形成的翻译相关理论就是近代翻译理论。其最常见也是最主要的是西学翻译，这一时期也有很多优秀的翻译家诞生，他们不仅翻译见解独特，而且还尤为关注实践研究。

（1）徐寿、傅兰雅的翻译理论

在洋务运动时期，徐寿是一位著名的科技翻译家与化学家，他和傅兰雅自译或共同翻译了13种书籍，并且他们还首创了一整套化学元素的中文名称。另外，傅兰雅还结合自己丰富的翻译经验，提出了翻译的标准，即易于领会和不失原文要旨，且这一时期翻译大家所做出的最大贡献就是对科技术语进行了统一。

在翻译史中，无论是译名统一的原则，还是编纂科学术语词典都是非常宝贵的财富。他们提出的"译名七原则"：尽量不意译，而是直译；倘若有无法意译的现象出现，就有必要利用合适的汉字进行音译，并建立一定的音译体系，固定基本词素，并要使用官话进行音译；新术语要尽可能与汉语的固有形式保持一致；要给予译名较为准确的定义；译名应当简练；要有灵活的译名；译名不应引起矛盾，保证在各个场合都能符合原意。这七种原则的提出无论是对引入外来科技，还是对翻译科技名词都有着巨大贡献，且在一定程度上促进了中国翻译理论的形成，有力反驳了汉语难译科技书籍的说法，强调了中国人也是能够创造新词汇的，还统一了科技译名，规定了译名的具体规则，促进了科学书籍如物理、地理、化学、数学和医学等的译成，也在以后被人们广为流传。

（2）梁启超的翻译理论

他强调翻译是强国之道,维新变法是其目的。特别是在长篇巨著《变法通议》中，梁启超指出了译书的弊端有二：其一就是太过重视汉语的表达习惯，会丧失原文所具有的文化内涵；其二是为了遵循英语的表达习惯，而使汉语译文逐渐变得晦涩难懂。梁启超还曾指出，书籍在被翻译后一定要做到能让读者深刻理解原文含义。与原文含义不符，或只对原文中的部分含义进行了保留，这些做法显然是不可取的。除此之外，译者必须要与原作者有着相近的学识和专业，因为只有这样才能翻译出高质量的作品。

（3）鲁迅的翻译理论

在鲁迅看来，翻译目的分别是服务于革命和供大家参考两种。他曾在自己的文章中提到过其究竟"为什么而译"，他说是为了自己，也为了那些称自己是无产文学批评家的人，以及不怕艰难的读者们。他还认为，翻译一般的作品和文章是为大家提供一个参考，但翻译科学文艺理论和革命的文学作品是为了提高和解剖自己，以便对一些不理解革命理论但仍自称为无产文学批评家的人予以帮助。鲁迅认为翻译首先要做到"信"和"顺"，且翻译中最重要的就是"信"，译者应当在确保"信"的情况下做到让译文流畅。并且，其并不是把"信"和"顺"相对立，而是仍然坚持"信"为主和"顺"为辅的观点。鲁迅在翻译策略方面提出了直译的方法，他提出这一主张的原因在于自晚清以来，翻译时不时地会出现删减和复译等不良现象。但是，鲁迅所倡导的直译并不是死译，而是选择尽量保留原文的语言风格、形式和全部的思想内容，这一思想在我国的翻译事业中有着重要作用。

除此之外，鲁迅还曾指出，如果没有一个高质量的翻译作品，译者是要承担主要责任的，而且批评家、出版界和读书界也有一定责任。因此，正确的翻译批评有助于整顿和改变翻译的一些恶劣风气。要通过翻译批评对好的予以奖励，再指出坏的。在没有好的情况下要指出较好的，如果再没有就再说出坏的地方，并为其指出其还不错的方面。从上述思想中我们可以知道，在对待翻译批评方面，鲁迅是非常宽容的。他不仅对翻译给予支持和鼓励，而且还提出要分出译文的好坏，尽可能去选择好的译文供读者阅读，即使在没有好的情况下，也要从并不全是坏方面的译本中挑出稍微好的，让读者受益。这样的翻译批评方法在很大程度上端正了翻译批评之风。

3. 中国现代翻译的发展

（1）胡适的翻译理论

胡适从1919年开始就接连翻译了契科夫、莫泊桑等人的短篇小说，以及长诗、剧本等各种西方著作。此外，他还是中国白话新诗翻译的重要人物。在胡适看来，将文言文译成诗只能让少数人喜爱和理解，是不能得到广泛普及的，因此，必须翻译成贫民大众也能接受和理解的诗歌。胡适的诗歌翻译就是如此，不管是意境方面，还是语言与格律方面，都为白话的开创与发展起到了促进作用。

胡适对待翻译严肃认真的同时还提出了"三负责"原则。他认为写文章是有两重责任的，即向自己和读者负责；但翻译文章的责任有三重，分别体现在要对原作者负责、要对自己负责和要对读者负责。

除此之外，他还提出过两种看法，分别是在翻译时全用白话和在翻译西洋文学著作时只翻译名家的著作。这些观点在当时起到了很大的反响，在一定程度上对白话文翻译的发展起到了推动作用。

（2）郭沫若的翻译理论

郭沫若曾说，诗中不可把握的风韵是它的生命，因此除了译诗的直译与意译之外，风韵译也是非常重要的。郭沫若认为译者必须具备责任心和主体性。译者在进行翻译工作时要有高度的责任感与正确的出发点，除了选择作品时要有谨慎的态度，还要在翻译时保持严肃认真的态度。除了责任心，译者的主观感情也非常重要，翻译工作开始之前，需要加深对原文作者和作品的了解，有了一定的了解之后才能更加清晰地明白作者的思想与原文所要表达的含义。郭沫若还说过，自己在翻译时往往会跟原文作者"合而为一"，想象自己就是作者并带入到作品之中，只有这样才能更好地体会原文的内涵。同样，这一做法对后来翻译理论的发展也起到了非常重要的作用。

（3）茅盾的翻译理论

茅盾所提倡的形貌与神韵辩证统一的文学翻译批评理论，对中国文学翻译产生了很大影响。实际上，译者和翻译批评者在实践过程中往往会由于缺少互动，而很难使翻译批评正确指导翻译。但是，随着五四运动的兴起以及中西文化的相互碰撞，文学翻译和翻译批评都极具活力。

针对直译和意译，茅盾曾指出，由于英汉文字不同，倘若全部的文本都采用直译法，那么将很难进行下去，译者常常会因为顾忌语言形式而忽略了神韵。但如果考虑神韵，其语言形式又会和原文产生差别，所以到最后神韵和形貌是不能同时存在的。但即便是这样，两者也存在着相辅相成的关系，句调和单字同时构成了语篇的神韵与语言的形貌。

茅盾通过以上所说的神韵、形貌、句调与单字的概念，打破了晚清以来文学翻译批评的限制，其提倡的神韵和形貌的辩证统一翻译批评理论，也是解决直译和意译问题的最好方法，不仅使中国的翻译批评产生新生机，摆脱旧束缚，而且还有力地促进了中国传统文学翻译批评向现代文学翻译的转变。

（4）傅雷的翻译理论

傅雷曾指出，领悟原文和用汉语表达原文含义是两种不同的概念，他认为翻译过程中首先是中文写作。一篇好的译文应呈现一种原文作者是在用汉语写作之感，这不仅使原文的意义得到了保留，而且还使译文的流畅性与完整性得到了保证，同时还不会有以意害辞或以辞害意的情况出现。

其次，就是要反复修改。傅雷是非常严肃认真地对待翻译的，他认为好的翻译离不开反复的修改和锤炼，文字工作者应当不断地对译文进行完善和推敲，而不要总想着只做好一次，以后就不需要费力了。

最后，就是要注重译文的附属部分，也就是包含译文序、后记等内容，这些内容都从不同程度上影响了译文的传神达意。因此，对这些内容进行妥善处理也能够让读者对原文的内容有一个更好的理解。语篇中的神和形是存在密切关系的，神是形的根本意图，同时还依附形而存在。所以，它们分别有各自的轻重，是一个和谐的整体，没办法单纯进行比对。译者需要创造形和神的和谐。

傅雷认为可以对原作者用汉语撰写译文的情况进行假设，翻译中还需要使用规范、纯粹的中文，不能过于复杂，这才是翻译的标准。此外，为了能够更加生动地再现原文的内容，且能充分体现语境和时空的差异，他认为可以混合各地的方言，并充分运用一些旧的小说套语与文言。但是也要注意，在使用这些时应适当调和其在语篇中的成分及作用，避免使译文的风格变得支离破碎。

（5）钱钟书的翻译理论

钱钟书关于翻译的论述也有很多值得人们探讨的地方。其中，他的主要观点"化境说"为翻译理论的最大贡献。"化境"原意是将艺术造诣上升到一个很高的境界，且与中国传统文论一脉相承，但之后被钱钟书引入翻译领域后，指的就是原作的"投胎转世"。钱钟书首次提出"化境说"的观点是在《七缀集·林纾的翻译》中。具体来说"化"的含义有三种，分别是转化、归化和化境。转化是指将一国的文字转化为另一国的文字；归化就是用汉语表现出原汁原味的、准确的外国文字，让读者在看的过程中像是在看原作，而不是译本；而化境，其是原作的"投胎转世"，尽管语言表现发生了改变，然而精神却和原作是一样的。此外，"化"也有两点内容需要注意：其一，在翻译过程中不应因为语言表达存在差异就表现出牵强和生硬的感觉；其二，在"化"的过程中也不能太过随意，注意不要丢失原文文本中本应存在的东西，即使是换了译文的外壳，也应该保留原文的韵味和精神。"化境"这一翻译理论是钱钟书在翻译领域引入了中国古典美学中的境界概念，他认为所有学科的境界都有其共通性。"化境说"不仅兼顾了翻译中的神韵和语言形式，并且还充分重视译者的创造性。由此可见，"化"可以被称为是翻译的最高境界。

（二）西方翻译的研究发展

1.拉丁文翻译肇始时期

随着希腊帝国的瓦解，罗马帝国变得更加强大。在罗马的军事征服之后，下一步就是通过翻译来学习希腊人的文化。

这是欧洲乃至整个西方历史上第一次大规模的翻译活动。古希腊文学，尤其是戏剧、诗歌等文学形式被译成拉丁文，在一定程度上促进了罗马文学的诞生与发展。这股"翻译热"大约延续了 1000 年之久。

2. 阿拉伯百年翻译运动时期

从 9 世纪至 11 世纪，阿拉伯人大举扩张，在一个多世纪的时间里，建立了一个西起大西洋东岸，东至中国边境的庞大帝国，比鼎盛时期的罗马帝国还要强大。阿拉伯帝国在征服过程中，不仅接受了被征服人民的文化，而且还吸收了帝国域外的优秀文化。

但当时，语言上的障碍是很多东西方文化典籍学者和阿拉伯帝国学者需要克服的，由此产生了阿拉伯文化史上的"百年翻译运动"。阿拔斯王朝（750—1258）建立后，把翻译作为国家的一项事业，开始了有组织、有计划的翻译运动。这场运动始于 9 世纪，主要内容是以各大城市为中心，专注于希腊典籍文本的翻译和诠释。翻译是不同文化之间交流和吸收的有效手段，包含对文化的再创造过程。西方翻译家在 11 世纪至 12 世纪蜂拥至西班牙的托莱多，将大量的阿拉伯语作品翻译成了拉丁语。于是，托莱多成为欧洲的学术中心。这不仅是基督徒和穆斯林之间的一次罕见的友好接触，而且也可以算是西方翻译史上的第三次高潮。同罗马人翻译希腊典籍一样，阿拉伯人翻译的希腊文本为西方较好地保存了希腊文化，其功效在欧洲的文艺复兴中得到了充分发挥（从阿拉伯译作中重新发现古希腊的作品）。

3. 文艺复兴翻译时期

（1）马丁·路德的翻译理论

马丁·路德是德国辩论家、翻译家和社会学家。按照简单通俗的翻译原则，他将德译本的《圣经》翻译完成，这部作品被赞誉为是大众的第一部圣经。马丁·路德对德语在语言和文学上的发展、统一以及宗教改革等方面有着非常重要的贡献，也在西方的翻译史上有着极为重要的地位。下面几个方面是路德在翻译理论方面所做出的贡献。

①翻译应重视意思与语法之间的联系。

②翻译必须通力合作。

③翻译的大众化取决于使用的语言是否为大众熟悉的通俗语言。

④翻译中应该被放在第一位的就是原文中的语言现象，想让读者完全看懂译文应该用意译的方法。

⑤翻译七条原则的提出，即可以对必要连词进行增补；恰当使用语气助词；忽略那些没有译文对等形式的原文词语；可对原文词语做出改变；可以让比喻用法与非比喻用法之间互为翻译；遇到单个词可以使用词组代替；注意文字解释的准确性和变异形式。

（2）多雷的翻译理论

多雷是法国文艺复兴时期著名的翻译家、学者，他一生编辑和翻译过许多作品。欧洲教会在长期以来都主张翻译《圣经》时应采取直译的方式，但多雷思想解放，主张意译，最终在火刑柱上被活活烧死。

在多雷看来，翻译是翻译作品中所蕴含的深刻含义，并不是单纯地将文字翻译出来。为了展现作者的意图，译者可以颠倒和调整译文的句式等。他认为出色的翻译应当做到以下几点。

①译者不应生搬硬套、逐字逐句进行翻译。

②译者应该精通目的语语言和原文语言，不损害原文的优美性。

③译者要完全理解自己所翻译的作品的内容和表达的含义。

④译者要适当重构语序、调整次序，防止翻译时太生硬。

⑤译者在表达时应该使用通俗易懂的形似，避免刻板或拉丁化味浓厚的语言。

4. 17 世纪至 19 世纪的西方翻译时期

这一时期的翻译在英国大量翻译欧洲著作方面体现得淋漓尽致，而欧洲各国之间也在对不同语言的作品进行相互翻译。其中，在很大程度上影响文学翻译的便是法国的启蒙思想和德国的浪漫主义，涌现出了一大批优秀的翻译家和翻译理论家。其显著特点在于，翻译家们不仅对古典著作进行持续翻译，而且也逐渐开始热衷于近现代的作品。塞万提斯、歌德等文学巨匠的作品被译成多种语言，陆续涌现出了很多东方文学的译品。这一时期大约持续了 300 年。

5. 20 世纪翻译时期

（1）语言学派

奥古斯汀基于亚里士多德的符号理论，提出了语言符号中的能指、所指和译者"判断"的三角关系，并由此开创了西方翻译理论的语言学传统。斐迪南·德·索绪尔在 20 世纪初提出了普通语言学理论，其不仅区分了语言的历时、共时，以及语言和言语，而且还提炼出了六对语言符号对立统一的性质，使其他人文学科深受其影响，另外，还在很大程度上影响了西方翻译理论的发展，且构建了未来翻译研究的语言学派基本框架，奠定了当代翻译研究中各类语言学方法的基础。

翻译语言学派注重在翻译时分析研究语言现象，重点是以句子、词汇等不同语言结构为出发点，找寻翻译活动的规律。除此之外，解决语言翻译问题的根本途径是语言与语言间的相互转换，其理论核心为"等值"。语言学派在地域上分布较广，代表性学者也很多，主要有奈达的翻译理论、卡特福德的翻译理论、雅各布逊的翻译理论和纽马克的翻译理论。

（2）功能学派

德国功能翻译理论产生于 20 世纪 70 年代至 80 年代间，当时由于结构主义语言学在一定程度上影响了德国译学界，导致翻译必须以语言学附属品的形式存在，这在很大程度上制约了翻译的发展。面对经常出现的理论脱离实践的现象，开始有一些学者探寻新的方式，因此便有了功能学派的诞生。

如果想解决翻译研究的所有问题，仅仅依靠单纯的语言学理论是不够的，这是功能学派翻译理论的观点。所以，他们开始广泛借鉴信息论、行为理论、交际理论和接受美学思想等，针对翻译语言学派的薄弱环节，转变了研究视角，即从对源语文本的重视转变为对目标文本的重视，这一学派也成了德国当代翻译界最活跃的学派。

①莱斯。她毕业于海德堡大学翻译学院，之后常在高校从事翻译教学研究工作。她的早期理论主要是研究对等概念，在她看来，翻译应该追求语篇层面上的对等，而并不是词、句上的对等，所以在她看来，考察时应与语言功能、文章题材和语篇类型等相结合。但到了后期，她在自身翻译实践的启发下逐渐意识到，所谓真正的对等是不可能发生在翻译实践中的。因此，她开始充分关注翻译的功能问题，还与弗米尔共同倡导翻译研究功能论。莱斯通过借鉴卡尔·比勒对语言功能的三分法，将语篇分成了以下三种类型，即重形式文本、重内容文本和重感染文本。而安德鲁·切斯特曼在其德文版本中将其译为了表情文本、信息文本和感染文本，另外一些翻译理论书籍则概括三种类型为表达型、信息型和操作型。

②弗米尔。他是一位杰出的语言学家，一直从事翻译教学研究工作。他对翻译理论和语言学的研究都是在莱斯的指导下进行的，并且极大地突破了莱斯理论的局限性，创立了目的论。

二、外贸英语翻译的现状

随着改革开放的深入展开，我国已成为世界第二大经济体，外汇储备世界第一，国内生产总值（GDP）世界第二，进出口总额世界第三。在这一进程中，外贸外语能力成为国家发展不可或缺的核心竞争力之一，外贸外语遇到了难得的发展机遇期，而外贸翻译则在其中发挥了重要的作用：各类经贸文件和商用材料的翻译与日俱增，外贸翻译在整个翻译产业链中的比重大大提高，各种材料、广告等的翻译层出不穷，对外贸英语研究的文章也不断涌现。

研究外贸英语翻译主要有四个视角：一是翻译实践交流；二是评论性翻译研究；三是对翻译过程的研究；四是从社会文化角度展开外贸翻译研究。外贸翻译不仅涉及语言问题，更涉及经济问题和利益。总的来说，目前我国外贸英语翻译现状良好。围绕外贸所做的对外宣传，把我国以及我国的公司、企业及其生产的产品在国外的形象树立起来了，我国有今天喜人的经济贸易形势，外贸翻译功不可没。

随着时代的变化，翻译不再只是一种非常个人化的行为或活动。随着电脑、互联网、翻译软件等科技新成就的不断涌现，一项翻译工作，特别是外贸翻译工作，有可能需要好几个人甚至一群人一起借助互联网、借助翻译软件才能完成。就像谢天振所言，我们今天的翻译已经从"书房"进入"作坊"了。据美国权威机构对世界翻译市场的调查显示，中国翻译市场的规模和发展空间很大。相对而言，发达国家和地区在翻译服务贸易中拥有绝对优势，其优势来源于四个方面：服务业的整体发达、成熟的行业管理经验、高科技的配合和开放的金融体系。基于这些优势，发达国家出口的是高附加值的语言服务，而发展中国家和地区并不缺乏翻译人才，但在质量管理、科技手段、外币汇兑和结算方面通常会存在一些问题。

一般来说，在我国，从事外贸翻译的人员主要有公司、企业的专职外贸翻译员工，公司、企业的员工兼职翻译，以及翻译公司的翻译人员、业余翻译人员、院校教师、研究生、大学生、国家涉外机构人员等。相对而言，我国的外贸翻译与国外的外贸翻译还存在些许差距。

从专业发展上看，外贸英语人才培养在我国尽管已有大半个世纪的历史，但外贸英语专业2007年才获教育部批准设立，作为目录外专业开始招生。2011年，教育部修订本科专业目录，正式将外贸英语收入基本目录。我国多所高校设立了外贸英语专业或方向，许多高校设有外贸英语专业硕士点，对外经济贸易大学等还招收外贸英语研究专业和外贸翻译研究专业博士。外贸英语研究专业主要研究外贸语言理论与应用，如ESP（专门用途英语）理论与实践、外贸话语分析、法律语言、金融英语、财经新闻英语、电子外贸英语、语言经济学、外贸外语教育学、外语产业经济学、外贸英语写作、外贸英语测试学、外贸英语辞典编纂、机辅外贸外语教学等。而外贸翻译研究专业则主要研究外贸翻译理论与实践，如外贸口译、外贸翻译理论、外贸经典翻译、WTO 法律文献翻译、中华文化经典外译、翻译企业与项目管理等。但高校培养的外贸英语翻译人才的质量仍旧参差不齐，从外贸翻译研究的现状看，仍然存在很多问题。

（一）翻译不规范

这种现象的存在，除了因为翻译人员水平不甚理想外，也有翻译人员缺乏专业精神或翻译技巧的原因。此外，在翻译标准上翻译人员没有达成共识，翻译时我行我素，其结果就导致了翻译上的不统一。

1. 对原文的误读

译者如果缺乏足够的英语知识，中文底子又薄，就会造成对英语原文的理解困难，汉语表达也不顺，甚至会产生误译。即使阅读母语文本，也不能保证每个人的理解都一致，不同的解读也会造成译文与原文意义的偏差。

例 [2-1]：Vandermint isn't good because it's imported；it's imported because it's good.

误译：荷兰薄荷香甜酒不好因为它是进口的；它是进口的因为它好。

分析：如此自相矛盾的翻译，译者应该自己都感到不可理解。原文是广告语，采用的句式是英语典型的部分否定句 "not because ... but"，即 "不是因为进口才好，而是因为好才进口"。英语的部分否定句常常会造成中国学生的理解困难，这是英语语言知识不足造成的。

改译：好酒不在进口，进口必是好酒，荷兰薄荷香甜酒！

例 [2-2]：The Carolinas are the centers of the textile industry.

误译：卡罗来纳州是纺织工业的中心。

分析：原文中的主语 "Carolinas"、谓语动词 "are" 和表语 "centers" 都是复数形式，因而把主语译为 "卡罗来纳州" 是不正确的。美国有南卡罗来纳和北卡罗来纳两个不同的州。

改译：南、北卡罗来纳州是纺织工业的两个中心。

例 [2-3]：中国人民银行降了息，拉动了市场需求。

误　译：The People's Bank of China lowered the basic rates，and stimulated market demand.

分析：原文的句型看似是并列的谓语，但拉动市场需求的是谁呢，是 "银行" 还是 "降息" 这件事？原文应理解为 "中国人民银行降了息" 作为主语，"拉动" 是谓语动词，"市场需求" 作宾语。对原文的不同解读，会导致译文的偏差。

改　译：The reducing of interest rates by the People's Bank of China has stimulated the market demand.

2. 对数字的误译

例 [2-4]：Meanwhile, laborers in India earned less than a quarter of those in Shanghai, making India the new go to area for low cost workers.

误译：①印度劳工的工资是上海劳工的 3/4……

②印度工人的工资比上海工人少 1/4……

③印度劳工的工资比上海劳工的工资 1/5 还少……

④印度工人的工资只有上海工人的 1/2……

⑤印度工人的工资比 1/3 的上海工人低……

⑥印度劳动人员的收入低于四分之一上海劳动人员的收入，使印度成为新的低成本工人的好去处。

分析：本例结构可拆解为：

a. laborers earned a quarter of those（laborers），

b. less than a quarter，

c. making India the area，

d. India is the new area to go to（if employers）are（looking）for low cost workers.

其中的 "less than a quarter" 表示 "不足四分之一"，①—④误译了这一分数。⑤和⑥同时存在对原文的错误理解，误译了该分数的修饰主体，⑥误读了 "for" 的含义，犯了严重的逻辑错误，没有理解全句的内涵。无论从常理还是从经济学角度来看，工资低的地区对雇主更有吸引力，因为这意味着成本低，而 "打工者" 都想在工资高的地方工作。翻译时应使用 "加词" 的方法。

改译：与此同时，印度劳动者的收入只是上海劳动者收入的不足四分之一，这使印度成为寻找低成本工人的理想新天地。

例 [2-5]：外资保险公司的保费收入从五年前的 33.29 亿元人民币，增长到目前的 341.2 亿元人民币，与入世前相比增长了约 9 倍。

误译：① 329，000，000

② 33.29 billion

③ 3.29 billion

④ 9 times more/higher

⑤ 3.412 trillion

分析：以上①—③对"33.29亿"的多种误译，其原因除了用"懵"来形容，也实在难以归纳了。①误译为3.29亿，②误译为330.29亿，③误译为32.9亿，漏了一位数"3"，看似小错误，实则误差也近四千万。而"增长了约9倍"误译为④ 9 times higher/more 则是绝大多数中国译者容易犯的倍数翻译错误。⑤的误译将原数的三百多亿扩大到了三万多亿，是原数的100倍！这样的误译后果恐怕译者和用户都很难承担。

改 译：Within five years, the insurance premium gained by foreign underwriters has increased to 34.12 billion *yuan* from 3.329 billion *yuan*, about 10 times more than that before China's WTO entry.

例 [2-6]：Costs now are five times less than before.

误译：①现在的成本比以前减少了4倍。

②现在的成本是以前的4/5。

③现在的成本比以前减少了5倍。

④现在的成本是以前的1/3。

⑤现在的成本比以前减少了1/5。

分析：英文中数字按比例减少通常都用"...times less"来表达，而汉语对此是用分数或百分比来表述，这就容易造成汉译时的各种错误。

改译：①现在的成本比以前减少了4/5。

②现在的成本比以前减少了80%。

③现在的成本是以前的1/5。

（二）翻译人员缺乏专业知识

一个合格的外贸翻译者不仅要有扎实的语言功底，还必须非常熟悉相关的专业或行业。例如，翻译合同、投标书等具有法律意义的文件的人必须对法律有所了解，熟悉法律、法规相关的术语表达、惯用语、固定句型等，否则，要翻译好合同、投标书是不大可能的。尽管在我国大力发展MTI（翻译硕士）的前提下，我国的外贸翻译有不少起色，但和现实的差距还是比较明显的。

外贸英语已是与英语平行的专门学科，译者即使拥有了很好的英汉双语功底，如果完全不懂外贸英语，缺乏基本知识，对专业概念和术语一无所知，也最好不要随意从事外贸英语的翻译。有些译者可能自己都没有意识到外贸英语翻译的难度，或者对自己的双语基础很有信心，错将外贸文本当普通文本来对待，可想而知译文一定错漏百出。

例 [2-7]：保证金

误译：guarantee gold

改译：earnest money

例 [2-8]：分批装运和转运

误译：① transmission

② dispatch and transfer in different package

③ shipment，transferred shipment

④ transferable shipment

⑤ several order loading and transferred

⑥ separate loading shipment and exchanging shipment

分析：以上误译属于典型的专业术语翻译错误，是译者对外贸英语知识的陌生造成的。如果译者不具备外贸背景知识，而仅仅依靠普通英语的知识来翻译专业术语，显然会给用户带来不必要的麻烦或损失，影响业务的顺利进行。

改译：partial shipments and transshipment

例 [2-9]：10%-50% tariff duty ad valorem and an advance sales tax of 10%，based on 125% of landed cost of imported agricultural machinery and equipment，is imposed. There is no distinction between knocked-down（KD）and built-up（BU）equipment， except for a few equipment.

误译：按进口农机具设备的运费的 125% 征收 10% ～ 50% 的关税和预付 10% 的销售税。除少数农机具外，对于拆散运输的机具和整装运输的机具上税均无差别。

分析：原译文漏译了 "ad valorem"，将 "landed cost"（到岸价格）误译为 "运费"；将 "knocked-down and built-up equipment" 直译为 "拆散运输的机具和整装运输的机具"，不够简洁。

改译：以进口农机具到岸价格的 1.25 倍为基数，征收 10% ～ 50% 的价关税，并预征 10% 的营业税。除少数几种机具外，散件和整机税率相同。

例 [2-10]：If this Agreement reflects our understandings，please return to Party B and Party C the enclosed copies hereof duly signed and initialed on each page by you for acceptance.

误译：如果本协议反映我们的理解，请将你所签署的副本交回乙方和丙方，以便各方接受。

分析：此译一个重大的失误是将 "copy" 译为 "副本"，实际是 "正本"。"copy" 在外贸英语文本中出现频率很高，有时确指 "副本"，有时仅表示 "份数"。有外贸专业知识的译者应该知道，就此主题而言，需要协议方签署并退回的文件一定是正本。另一误译是漏译了"initialed on each page by you"，原文要求"贵方在协议的每一页上都签上签署人的姓名首字母"。第三个误译是对"for acceptance"的理解，原译"以便各方接受"应理解为"return ... for acceptance"，这一短语仅限定"signed and initialed"，意即"贵方接受协议的话就请签署并在每页协议上签姓名首字母确认"，而不是原译理解的"先签名，再让各方接受"，否则原文应使用更清楚的表述"for their acceptance"。

改译：如该协议反映了各方谅解，请贵方在随附的协议上正式签署并在每一页署上姓名首字母以示接受，请将签署后的协议退回乙方和丙方。

例[2-11]：Party C gives to the Agent evidence of the delivery of the notice to Party A and Party B（such evidence being represented by a copy of the notice）.

误译：丙方向代理人提交已向甲乙双方发出通知的证据（这些证据以一份通知的形式来表述）。

分析：原译文将"copy"译为"一份"又是对这一单词的错误理解。所谓"这些证据以一份通知的形式来表述"，是否要让丙方把"通知书"交给代理人？显然这是不可行的。按要求，丙方须向甲乙双方发出通知，此条款是要求丙方在"通知书"发出后向代理人证明完成了合同规定，通知书已经寄出去了，能起证明作用的只能是"通知书副本"（a copy of the notice）。

改译：丙方向代理人提交已向甲乙双方发出通知的证据（以通知书复印件为证）。

（三）翻译市场的服务管理存在问题

部分公司、企业为了省钱，请一些水平低、专业素质不过硬的人员翻译，结果可想而知，对企业和公司形象大打折扣。更有甚者，直接用翻译软件进行机器翻译，其结果让人啼笑皆非，更谈不上通过服务管理让翻译的材料实现增值。翻译的质量和监控需设立相应的机构进行规范和管理。

（四）外贸翻译研究存在重复劳动现象

外贸翻译研究存在重复劳动现象，不够深入，不成体系，需在理论提升上寻找突破口。从查询的资料来看，外贸翻译除应用性的翻译资料、文档等之外，主要集中在广告、商标的翻译研究上，语料陈旧，存在较明显的重复现象，缺乏新意和创造性。而对于涉外保险、运输、国际金融、WTO文献等方面的翻译研究较少，理论应用不够深入，有些外贸翻译研究如语料库与外贸英语翻译，WTO或国际公约文献疑难及奇异性长句的翻译策略等研究还很缺乏，甚至没有。

三、企业外贸英语翻译存在的问题

有时候翻译任务的委托人在需要翻译外贸文本时，对译者不够了解，贸然让非外贸英语翻译人员来翻译他们的外贸文本，或者企业总是在"火烧眉毛"的时候才想起文件需要翻译，不给译者合理的工作时间，甚至把译者当成复印机，如此种种对外贸英语翻译的轻视，容易导致错译或误译乃至造成损失和麻烦。有些不从事外语翻译的局外人认为翻译是很容易的事，特别是看到很多人英语讲得那么流利，就以为他们做个好翻译也是顺理成章的。有企业认为，"他六级都过了，应该可以吧"。不学外语的人哪里知道学外语的难处，更不知道外贸英语翻译的独特困难，不要说大学英语的四六级，即使是专业英语的四八级都过了，如果没有外贸英语的基本知识，要翻译某些专业性强的外贸文本恐怕也难以胜任。外贸英语翻译的从业人员除了要学好英语和母语，还要学好国际外贸知识，比普通英语学习者要付出更多的努力。因此，对于普遍存在的外贸英语误译，企业也有一定的责任。

企业如果能认识到外贸英语翻译对译者的专业性要求高，就应重视重要外贸文件的翻译工作，多了解翻译人员的专业背景，应委托专业外贸英语翻译人员来翻译，而不能陷入"懂英语就懂翻译"的误区，否则会白白浪费企业的人力、物力和财力，耽误与外商合作的时机。

（一）主观方面

一是译者的整体素质不高、外语知识不系统，造成译文语法混乱、习惯用法表达不清、选词不准确。有些人通晓外语，但外贸专业知识欠缺，面对一大堆专业词汇及行业内某些固定的说法，往往只能依靠词典、生搬硬套、亦步亦趋、望文生义。在口译中则表现为大部分口译人员只能负责日常接待、陪同，而不能进行外贸谈判。

二是译者的汉语文字表述能力差。现有的企业翻译人员中，不乏既懂外语又懂专业知识的人，但有些人汉语素养不够，翻译出来的东西文理欠通，译文对实践很难具有指导意义。

（二）客观方面

首先是一些人对翻译的片面性认识，他们认为翻译不过是一种简单的文字转换，只要懂的人，什么材料都能翻译，一旦译错，便认为是译者的水平不高。这种偏见使得翻译人员处于非常尴尬的境地。其次是翻译人员的工作环境与待遇不理想，既没有经常被派出去进修或出国深造的机会，又缺少各种大型工具书、词典、相关文献与最新信息，一本词典加一台电脑这种典型的配置，无法使他们更新和译介国外先进的企业文化。再者，一些企业身处内陆地区，或坐落于乡镇县等边远区域，信息闭塞，文化不发达，人员工资待遇差，从而造成翻译人员的工作积极性不高。如何提高企业翻译，特别是企业样本、样品宣传语篇翻译的水平，提高译者的翻译水准，使外贸翻译真正体现出经济价值，是外贸翻译研究者必须面对的实际问题。

第三节 外贸英语翻译标准的研究现状

一、翻译的过程

（一）理解阶段

在翻译过程中，译者要通过分析原文的上下文来对其进行深刻的理解，通过理解内容来选择正确的译法。若想翻译得更加准确，那么就必须要透彻理解原文内容，因此，译者需要注意以下三个方面。首先，要理解语言现象，译者要按照语境去理解原文中句子与词汇的含义。其次，要理解原文所涉及的事物，译者不仅要分析原文的语言现象与逻辑关系，而且还要透彻理解一些与其相关的事物或者历史背景，联系实际地去翻译，否则不可能对其进行准确的翻译。最后，要理解逻辑关系，原内容中的单词与句子所表达的含义可能有多种，所以，译者要通过语境去理解原文的逻辑关系，再去选择最准确的译法对其进行翻译。

准确的翻译必须基于对原文的正确理解之上。理解是翻译的基础，也是翻译的前提。只有理解了原文，才能进行翻译，也才能保证译文的质量。这种理解主要包括语法分析、语义分析、语体分析和语篇分析，通过这些分析，可以掌握原文的语言难点、原文内容的逻辑关系、上下文的关联、民族的文化传统和背景知识等，这样翻译才会成功。

译者要认真阅读上下文，因为理解要在一定的语言环境中才能更加深刻、透彻。从语言学的观点看，有时孤立的一个单词、一个短语、一个句子，我们可能无法看出其意思到底是什么，必须将其置于一定的语言环境中，才能对它的意义进行确定。

例 [2-12]：They were Zhou's welcoming party.

单凭这一句话，无法确定原文中"welcoming party"的意义，但如果将该句话放在如下语境中"A few minutes before Kissinger boarded the aircraft, four senior Chinese officials entered the plane. They were Zhou's welcoming party；they had been in the capital for 3 days，but had remained in seclusion.",，通过上下文，我们能够知道，"they"指的是中国的四位高级官员，"Zhou"是已故的周恩来总理，"welcoming party"不是欢迎宴会的意思，而是周恩来总理派来迎接基辛格的人员。

例[2-13]：Shall I compare thee to a summer's day? Thou are more lovely and more temperate.

这是莎士比亚的两句诗。只有在英国的文化语境中，人们才会将"summer"与"可爱""温和"相联系。而在中国的文化语境中，说到夏天，人们往往会联想到酷暑、炙热，常给人以"赤日炎炎似火烧"之感，很难将"夏天"与"可爱""温和"相联系。倘若我们不了解英国的地理和气候等背景知识，那么对于诗中"a summer's day"的意思将会很难理解。

（二）表达阶段

译者在表达阶段需要用另一种语言来表达自己对内容的理解，正确的理解在很大程度上会对表达起到积极作用，然而，理解正确并不意味着就能表达正确。一般来讲，表达的方式有以下三种。

第一种，直译法。这种翻译方法并不是逐词进行死译或硬译，而是尽可能地保持原文的内容、形式与风格，按照原文的表达方式进行翻译。

第二种，意译法。这种翻译方法是指在社会文化差异的限制下，译者必须对原文的字面意义进行舍弃，使译文符合原文内容，并且具有相似的语言功能。就词汇、句法结构和表达方式而言，任何语言都存在一定的不同之处，当原文的表达形式不同于译文的表达形式时，意译这一种选择便是比较理想的。

第三种，直译法结合意译法。在翻译过程中，译者应该灵活采用准确的翻译方案，从而将直译与意译相结合。这两者并不矛盾，都是为了能够准确展现原文的内容与形式，一部优秀的翻译作品总是体现着直译和意译的结合。

（三）校核阶段

在最终的校核阶段，译者需要深入核实原文的内容，并且仔细核对译文中的语言，原因在于，在翻译的过程中不论多么的谨慎小心，都不可避免地会出现一些漏译或误译之处，所以便要进行校核。校核的主要内容通常分为以下四个步骤：①核对译文中是否存在人名、地名、数字、日期等方面的错误，并对其进行修改。②核对译文中是否存在单词、句子等错误，并要及时改正这些错误。③核对译文中是否运用了冷僻词汇或者过于白话的语言以及陈腔滥调，并对其进行修改。④一般来讲，校核应该进行两遍。第一遍主要校核译文的内容，第二遍主要润饰文字。如果在时间充足的条件下，应再对照原文通读一遍已经校核过两遍的译文，做最后一次的检查、修改，切记一定要在所有问题都得到解决之后再定稿。

二、翻译标准的现状

（一）翻译行业协会和翻译标准

中国翻译协会（Translators Association of China，TAC）成立于1982年，是中国翻译领域的学术性、行业性非营利组织，会员由分布在中国内地30个省、市、区的团体会员、单位会员和个人会员组成。中国翻译协会于1987年正式加入国际翻译家联盟，会刊是《中国翻译》（双月刊），于1980年创刊。

2003年11月27日，中国国家标准化管理委员会批准发布了《翻译服务规范 第一部分：笔译》国家标准。2005年7月8日，中国标准化协会在北京组织召开了《翻译服务译文质量要求》国家标准英文版审查会，会议通过了标准英文版的审查，并决定报送中国国家标准化管理委员会国际部审批。

（二）翻译规范

外贸英语是专门用途英语，涉及的内容包括经济、金融、贸易、物流、保险、营销、文化等多学科领域。国际外贸活动中涉及的很多外贸文本比如合资合同，除合作各方需要使用并存档外，还需提交有关部门审批，这些文本都属正式的外贸文件并具有法律效力，有很强的专业性、严肃性和规范性的特点。外贸文本的英汉互译也需要严格按照这些特点来进行，以符合国际交流的需要。即使是放到互联网上的企业简介，规范的简介译文无疑也会吸引更多的潜在客户。而一篇不规范或错漏百出的合同或企业简介译文会让客户产生不好的联想——"连翻译都不认真，这家企业会认真处理我的订单吗？"或者他们会因此而怀疑这家企业的实力——"看来他们缺乏国际外贸人才，不堪合作"。因此，合同能否顺利签订并非仅仅取决于产品的价格或质量，而是细节决定成败。而看看网上或外贸实践中满是错误的译文就知道这个问题远未引起众多中国企业和翻译从业人员的重视。

外贸文本规范的翻译是指按翻译原则和有关规则进行的翻译，在形式上符合目标语的语法结构规范的要求，格式正确；在内容上无错漏，不造成歧义。译者应慎重处理源语文本的细节，慎用翻译技巧。规范的译文应经得起时间和实践的检验，可提升企业形象，帮助企业顺利实施并完成重要的国际外贸活动，成为企业走向国际化的助推剂。反之，不规范的译文会瞬间让企业形象一落千丈并因此而丧失国际合作的机会。外贸英语翻译从业人员有责任和义务以自己的专业学识和负责的态度帮助中国企业实现国际化的理想。

以下从四个方面来分析外贸文本翻译对细节的规范要求。

1. 机构名称

外贸文本中时常涉及机构名称。这些机构往往与企业的外贸活动相关，比如某主管审批机关或检验部门等，它们具有自己的法定地位和社会地位，具有唯一性和严肃性。不规范的机构名称翻译会丧失原文的指代意义，影响文本的正常使用。

（1）英译

机构名称在英语中属于专有名词（proper name）范畴，其语用特征要求专词专用，所以同一机构只能有一种译名。专有名词中实词的首字母须大写。例如：

例 [2-14]：外贸部

① Business Department？

② Commercial Department？

③ Ministry of Commerce？

④ Commerce Committee？

利用国际互联网直接查询国家外贸部的门户网站找到其英译名："the Ministry of Commerce of the People's Republic of China"。因此，以上"the Ministry of Commerce"是权威的英译名，其中虚词"of"和"the"小写，其他的词大写。

（2）汉译

英语的机构名称同样是专有名词。汉译时应首先落实该名称是否已有标准的或官方的汉译名，如有，应直接采用现有的译名，如无，应按专名翻译原则来进行汉译。

例 [2-15]：United Nations Conference on Trade and Development（UNCTAD）

译文：联合国贸易和发展会议（贸发会议）

此译名采用联合国的官方门户网站中文网上有关贸发会议的汉译，是权威的译法。其他来源的译文中有的译为"联合国贸易与发展大会"和"联合国贸易与发展会议"。译文的差异在于，"conference"一词按词典译为"会议，大会"都是正确的，"development"一词可译为"发展，开发"，甚至是简单到"and"的翻译，中文可称"和"或"与"，这些都需要进行规范和统一，以体现机构名称的唯一性和严肃性。

例 [2-16]：Society for Worldwide Interbank Financial Telecommunication
（SWIFT）

译文：环球银行间金融通信协会

此译文是采用 SWIFT 官方门户网站中文网的译法。其他的汉译版本有"环球银行间金融电信协会"和"环球同业银行金融电信协会"。译文的差异在于，"interbank"译为"银行间"和"同业"，"telecommunications"译为"电信，通信"都是正确的，需要的是统一译名，名从主人。

机构名称规范的翻译就是采用官方门户网站（如有）提供的译法，这个译法具有权威性。有时这些正式的译名在语言专家看来可能不够完美，但是，人们在使用这些译名时还是得"客随主便"，直到有一天这个机构自己予以更正，否则"甲"就不成其为"甲"而变成了"乙、丙、丁"了。这也正好说明机构名称在首次翻译时就应规范。如"交通部"重组前的译名是"Ministry of Communications of the People's Republic of China"，重组后的"交通运输部"译名为"the Ministry of Transport of the People's Republic of China"。新旧译名最大的差别是将"communications"改为"transport"，因"communications"还有"通信"之意，会误导读者。

2. 企业名称

企业名称是作为法人的公司或企业的名称，在外贸活动中需要使用企业名称。由于企业名称需经过核准、登记才能取得，如翻译有误，将导致企业主体不清，属于重大翻译错误。

企业名称由"行政区划 + 字号 + 行业 / 经营特点 + 组织形式"构成，有时也省略其中一两个部分。

企业名称的翻译方法如下。

①行政区划：按地名翻译的原则处理。

②字号：可音译、直译；也可创造性地改写。

③行业 / 经营特点：直译。

④组织形式：直译。

3. 人名、地名和地址

汉语人名、地名、地址翻译成英文的基本原则是音译，约定俗成的除外。1982 年国际标准化组织承认我国的《汉语拼音方案》为拼写汉语的国际标准，《中国地名汉语拼音字母拼写规则》也是音译时参考的标准，但英译时需要转写，不需要照搬，也不用标记调号。

需要注意的是隔音符号（'）的使用。以 i、a、o、e 开头的音节连接在其他音节后面的时候，如果音节的界限发生混淆，需要用隔音符号隔开。如"西安市"英译为 Xi'an，不加隔音符号的话就成了 Xian 与"先"同音混淆了。再如"张建安（人名）"，译为 Zhang Jian'an，如果不加隔音符号，就成了 Jianan，与"佳南"同音混淆了。

（1）人名

中国人姓名的英译按照普通话的标准发音转写，与汉语拼音的不同之处是，中国人的姓单独译成一个词，名译成一个词。简单地说，中国人的姓名英译成两个词，姓＋名，无论是单姓还是复姓都译成一个词，无论是单名还是双名，也都译为一个词。例如：

例 [2-17]：杨晓蒙　司徒俊

译文 1：Yang Xiaomeng　Situ Jun

译文 2：YANG Xiaomeng　SITU Jun

双音或多音字组成一个词时中间不加连字符，首字母大写，第二个及后面的字英译后不大写，如"晓蒙"译为 Xiaomeng，而不是 Xiao-meng，或 XiaoMeng。有关中国人名拼写的新国标即将出台，今后用汉语拼音拼写中国人名时，必须姓在前，名在后，姓和名的首字母须大写。在一些面向国际的情况下，如大型国际会议的文字显示、出版文献、护照等上面，姓氏的汉语拼音可以全部大写，如译文 2。

外国人姓名的汉译也采用音译的方法，按照原文的姓名顺序翻译，名在前，姓在后，姓名之间用圆点（·）隔开，如 Harvey Gabor 译为"哈维·伽柏"。

（2）地名

地名有专名（specific name）和通名（general term）之分。专名是一地专属的名称，以区别于其他地名。通名是通用的名称，可用于任何同类的名称。地名中的通名一般表示的是地理特征、建筑或行政区划单位等。例如，"上海市"中的"上海"是专名，"市"是通名。英译时专名和通名的翻译方法不同。专名一般用音译，通名用直译。

汉语地名翻译成英语时，专名用汉语拼音音译并转写，通名采用直译法。专名的翻译规范是一地一名，即一个地名译成一个单词，首字母大写，不需要连接符。例如，广州，规范的英译是 Guangzhou，而 Guang Zhou，GuangZhou，guang-zhou 都是不规范的。通名要直译，如"广东省"译为 Guangdong Province，不能用 Sheng 替代 Province。

在汉语地名的翻译中有些特殊的规范要求，如下所示。

①专名是单音节，通名也是单音节，这时通名应视作专名的组成部分，先音译并与专名连写，后重复直译，分写。如"西江"译为 Xijiang River，而不是 West River，Xi River，Xi Jiang。

②通名专名化。通名专名化主要指单音节的通名，如山、河、江、湖、海等通名被用来与专名组合，成为专名。英译这些通名时按专名处理，与专名连写，构成专名整体。如"台山市"规范的译名是 Taishan City，不译为 Tai Mountain City。

③简称。汉语有地名简称的习惯，如"广东省"简称"粤"，也常常忽略通名，如"广东"。简化地名常见于公路、铁路的线路名称。英译时一般都使用全称，可省译通名，如"武广高铁"译为 Wuhan-Guangzhou High-speed Railway。

英语地名翻译成汉语的规范与汉译英相同，即专名一般都用音译，通名用直译。如 Washington State 翻译为"华盛顿州"，Washington，D.C. 翻译为"哥伦比亚特区华盛顿"。Riverside（California，USA）的正式译名为"里弗赛德"，而不是"河滨"。但在国内"河滨市"的译法似乎更受欢迎，就像中国的大多数两三字组成的地名一样易记、上口。

（3）地址

在外贸文本中企业法人的地址称"法定地址"（legal address）或"注册地址"（registered address），具有法律意义。地址变更须履行法定的手续。地址翻译应正确无误，否则就属重大翻译错误。即使是普通文本，地址翻译错误也会给有关各方带来不必要的麻烦，比如邮寄地址错误会让邮件难以寄达目的地。

汉语地址排列顺序是由大到小，英语是由小到大。因此翻译时应根据目标语的习惯顺序对原文进行梳理与调整。地址中的地名按地名的翻译规范进行，区分专名和通名，专名一般用音译，通名用直译。具有特殊历史意义或其他重要特定意义的地址名称采用直译的方法。英语地址中的单词首字母大写，有的也采用全部都大写的方法书写。

例 [2-18]：北京市朝阳区惠新东街 10 号

译文：10 Huixin Dongjie，Chaoyang District， Beijing

分析：此例中"市""区"为通名，"市"可不必译出，"区"则直译为"district"，其他都用拼音转写，转写时注意汉语地址的断句，即根据当地实际情况或约定俗成来划分意群，如将"惠新"译为一个词"Huixin"，"东街"译为一个词"Dongjie"，是普遍采用的译法。也有的译为"Huixin Street East"或"Huixin East Road"。目前对于中国地址中涉及"街""路"等小级别词的英译时，流行的译法是用拼音拼写，直接音译为 jie、lu 等。

例 [2-19]：香港湾仔骆克道 369 号国家大厦 5 楼

译文：5F，Federal Bldg.，369 Lockhart Rd.，Wanchai，Hong Kong

分析：由于香港的特区地位，有很多地名已有约定俗成的英译名称，翻译这类地址时，应沿用香港本地的译名，而不采用标准的普通话发音转写。如地址中"香港"英译为"Hong Kong"，而不译"Xianggang"，也未采用"Hongkong"译法。"湾仔"译为"Wanchai"，而不译"Wanzai"。

例 [2-20]：900OE Chaparral Rd. Scottsdale，AZ85256

译文：亚利桑那州斯科茨代尔市查帕拉尔路东 9000 号，邮编：AZ85256

分析：此例地址中的专名全部采用音译的方法，且将原文由小到大的顺序颠倒过来译。

例 [2-21]：1 Horse Guards Road，London

译文：伦敦近卫骑兵团路 1 号

分析：此例的地址全部采用直译的方法是由于"Horse Guards"这一地名与英国皇家卫队的骑兵团有关，直译能传达其本意。

不规范的地址翻译举例如下。

例 [2-22]：中国北京朝阳区小营路 17 号金盟大厦 8 层，邮编 100101

原译：No. 17 Jinmeng Plaza Xiaoying Road，Beijing，China 100101

分析：此译文严重违反了"信、达、雅"的翻译原则，漏译"8 层"，将"小营路 17 号"错译为"No. 17 Jinmeng Plaza"（金盟大厦 17 号），漏译了"朝阳区"。

改　译：8F，Jinmeng Plaza，17 Xiaoying Road，Chaoyang District，Beijing，100101 China

4. 货币与金额

在外贸文本中货币与金额常常会成对出现，如在外贸合同、信用证、汇票等重要文件或单据上，不仅要标注货币名称（全称、标准代码或符号），金额的大小写都同时需要表示出来。翻译货币和金额时译者须格外小心，比如小数点的位置、数字中的位数、大小写等是否都与原文一致。由于母语语境中的货币是默认的，译者在翻译时容易忽视或混淆货币名称。另外，在欧洲一些国家如意大利，数字中的小数点和千位分隔符与汉语正好相反，如"."在汉语里是小数点，而在意大利语的文本中却用作千位分隔符，他们的小数点是","。在翻译来自这些国家的英语文本如合同和信用证时需要转换成汉语的符号。例如：

例 [2-23]：EUR1.748.230，00（SAY EURO DOLLARS ONE MILLION SEVEN HUNDRED FORTY EIGHT THOUSAND TWO HUNDRED AND THIRTY ONLY）

译文：1，748，230.00 欧元（壹佰染拾肆万捌仟贰佰叁拾欧元 ）

第三章 外贸英语的用词特点与翻译

在外贸活动中，英语的使用率高达百分之九十以上。外贸英语作为国际贸易买卖双方在进行贸易交易过程中进行信息沟通的重要方式，在一定程度上影响着双方主体的交流与了解，甚至关系到企业本身的利益。外贸英语属于商务经济英语范畴，所以外贸英语与普通英语在用词特点、行文特点以及翻译标准方面具有较大差异。本章主要分为外贸英语的用词特点和外贸英语的翻译技巧两部分，主要内容包括：多义词、词的语境意义、外贸英语其他用词特点等方面。

第一节 外贸英语的用词特点

一、多义词

（一）一词多义，比比皆是

词语在不同情景中具有不同含义，在外贸英语语篇中，常常具有特定的含义。只有理解词语的专业含义然后熟练运用，才能灵活准确地翻译。

例 [3-1]：The shop only allows people six months' credit.

译文：这家商店只准许人们 6 个月的赊欠期。

例 [3-2]：Does this item go among the credits or the debits？

译文：这笔账应记入贷方还是借方？

例 [3-3]：An L/C normally specifies the documents that are required by the buyer and the date by which the goods in question must be shipped.

译文：信用证通常规定买方所需的单据以及有关货物的装运日期。

例 [3-4]：documents against payment/documents against acceptance

译文：付款交单 / 承兑交单

例 [3-5]：You can get the balance of your account by adding the amount of each deposit as it is made and subtracting the amount of each check as it is written.

译文：加上每次存款金额，减去每次支票的开出金额，便可得出账户的余额。

例 [3-6]：If a country exports more than it imports，it is receiving foreign currency and has a balance of trade surplus.

译文：如果一个国家的出口大于进口，它就不断得到外币，并且获得贸易收支顺差。

例 [3-7]：Municipal bonds have long been used as a critical tool for economic development in communities.

译文：市政债券一直以来用作促进社区经济发展的重要手段。

例 [3-8]：place goods in bond/take goods out of bond

译文：将货物存入关栈 / 将货物由关栈提出

例 [3-9]：The company will have a US $25 000 allocation to cover expenses.

译文：公司将有 2.5 万美元拨款用来支付开销。

例 [3-10]：We wish to inform you for goods sold on CIF basis，insurance is to cover All Risks & War Risks for 110% of the invoice value.

译文：我们想通知你方，以 CIF 成交的货物，我们以发票金额 110% 投保一切风险和战争险。

例 [3-11]：Industrial averages were up.

译文：工业股票的平均价格上升了。

例 [3-12]：If a particular cargo is partially damaged，the damage is called particular average.

译文：如果某批货部分受损，我们称之为单独海损。

例 [3-13]：It is not surprising，then，that the world saw a return to a floating exchange rate system.

译文：在这种情况下，世界各国又恢复浮动汇率也就不足为奇了。

例 [3-14]：Floating policy is of great importance for export trade.

译文：流动保单对出口贸易至关重要。

分析：英语单词 "credit" 在一般语篇中通常表示 "信誉、荣誉" 之意，它在例 [3-1] 中为 "赊欠期" 的意思；例 [3-2] 中的 "credits" 为 "贷方" 之意，其专用术语不难理解。

英语单词"document"的中文对应词大多为"文件"，但它在例 [3-3] 中应为 "单据" 之意；例 [3-4] 的两个词组中的关键词 "documents" 是复数形式，在外贸英语语篇中具有 "交单、凭证" 之意。

例 [3-5] 和例 [3-6] 中的"balance"通常是"平衡，均衡"的意思，但在外贸英语语篇中，该词通常指"差额，余额"。

英语单词"bond"通常表示"束缚，契约"的意思，复数为"关系，监禁"之意，而在例 [3-7] 中，该词具有"债券"的意思；例 [3-8] 中的"bond"意为"关栈保留"，即把货物放在海关的堆栈中，待完税后取出。

在外贸英语中，"cover"是个常用词，有多种含义。例 [3-9] 中的"cover"既不是"覆盖"之意，亦不是"掩饰"之意，而是"支付"的意思；例 [3-10] 中的"cover"不是"支付"的意思，取其引申义译为"投保"比较恰当。

例 [3-11] 中的"average"指用于行情指数的若干种股票的"平均价格"，并非指"平均数"；例 [3-12] 中的"average"意为"海损费用"，不是"平均"的意思。

英语动词"float"的基本意义为"漂浮"，它在例 [3-13] 的"floating exchange rate"中显然用作隐喻，其比喻意义为"浮动着的"，该短语的汉语对应意思为"浮动汇率"。

例 [3-14] 中的"floating"一看便知道亦是个隐喻实例，用作形容词，修饰名词中心词"policy"。"policy"这个词并非"政策，方针"之意，而 floating 在这里也不是"浮动的或漂浮的"之意，与 policy 连用，指用以承保多批货运的一种持续性长期保险凭证，译为"流动保单""总额保单"或"统保保单"。

（二）根据词在语境中的词性来确定词义

在理解和翻译外贸英语语篇时，如果遇到多义词，首先应弄懂多义词在语境中的词性及其充当的语法成分，而后根据语境推断多义词的准确词义。

例 [3-15-1]：a perfect net of bus and air service

译文：由公共汽车和飞机构成的完整的交通网（名词）

例 [3-15-2]：a net income/a net loss

译文：净收入 / 净亏损（形容词）

例 [3-15-3]：The sale netted the company a fat profit.

译文：这项买卖让公司净赚了一大笔钱。（动词）

例 [3-16-1]：The arbitration award shall be final and binding on both parties.

译文：仲裁机构的裁决是最终的，对双方均具约束力。（名词）

例 [3-16-2]：The arbitration fee shall be borne by the losing party except as otherwise awarded by the Industrial and Commercial Administration Bureau.

译文：仲裁费由败诉方承担，除非工商管理局另有决定。（动词）

例 [3-17-1]：We should avoid tender subjects of conversation at parties.

译文：我们在聚会上应该避免谈敏感的话题。（形容词）

例 [3-17-2]：Firms were invited to tender for the contract to build a new hotel.

译文：多家公司受邀投标承包建造一幢新宾馆。（动词）

例 [3-17-3]：As of 1 January 2001，the US dollar was made legal tender alongside the colon in the country.

译文：到 2001 年 1 月 1 日止，美元同萨尔瓦多科郎一起作为该国的法定货币。（名词）

分析：例 [3-15-1]、例 [3-15-2] 中的"net"分别用作名词和形容词，例 [3-15-3] 中的"netted"显然为动词，它们各自的特定意义分别在对应的译文中清楚地表达了出来。

例 [3-16-1] 中的"award"显然是名词，表示"裁定，裁决"的意思；例 [3-16-2] 句中的"awarded"用作动词，指"决定，判给"之意。

例 [3-17-1] 中的"tender"用作形容词，意思是"敏感的、棘手的"；例 [3-17-2] 中的"tender"则用作不及物动词，是"投标"的意思；而例 [3-17-3] 中的"tender"则用作名词，通常和 legal 连用，意思是"（法定）货币"。

（三）根据单词的特定用法来确定词义

在外贸英语中，很多词语具有不同于其一般意义的专业意义，和平时一般语篇的用法完全不同，所以应根据词语所处的语境来确定词义。

例 [3-18]：The documents will be presented to you against your acceptance of the draft in the usual way.

译文：凭你方按通常的方式承兑汇票，单据才能转交给你方。

例 [3-19]：Provided you fulfill the terms of the credit，we will accept and pay at maturity the draft presented to us under this credit.

译文：在贵公司履行信用证条款的条件下，我行将承兑并于期满时支付信用证项下提示的汇票。

例 [3-20]：Regarding our outstanding account US $20 000，we must request you to send us immediately your check in settlement.

译文：有关未付清的两万美元，贵方请立即寄来支票，以便结账。

例 [3-21]：The shipping documents for the consignment are now with us and we shall be glad if you will arrange to collect them.

译文：货运单据现存在我行，请安排人来赎单。

例 [3-22]：The so-called negotiation is to buy the draft from the beneficiary or to give value for draft and/or documents by the bank authorized to negotiate.

译文：所谓议付就是由被授权进行议付的银行向受益人购买汇票或对汇票和 / 或单据付价。

例 [3-23]：We shall lodge a 90-day note in the bank for discount.

译文：我们将把一张 90 天的期票交银行贴现。

分析：例 [3-18] 中的 "against" 并非通常的 "反对" 之意，而是 "凭借，根据" 的意思；同样，"acceptance" 不是 "接受" 的意思，而是 "承兑" 之意。

例 [3-19] 中的 "accept" 和 "maturity" 都是我们所熟悉的单词，但它们并非 "接受" 和 "成熟" 之意。"accept" 和上例中的名词形式 "acceptance" 同义，表示 "承兑" 的意思； "maturity" 在外贸英语中通常为 "（票据的）到期" 之意。

例 [3-20] 中的 "outstanding" 不能理解为 "杰出的"，而应是 "未偿付的"；同样，"settlement" 也不是 "解决" 之意，应为 "清偿，结算债务" 之意。"collect" 在日常英语里意为 "领取" 或 "聚集"，但在例 [3-21] 这个句子里应该理解并翻译成外贸英语术语 "赎单"。

例 [3-22] 中的 "negotiation" 及其动词形式 "negotiate" 是外贸英语中的 "议付，洽兑" 之意，并非常见的 "谈判，商谈" 之意。

例 [3-23] 末尾的 "discount" 并不是我们所熟悉的 "折扣" 之意，而是 "贴现" 的意思。

二、词的语境意义

一词多义的语言现象在外贸英语中更是屡见不鲜。多义词在外贸英语中的确切意义通常必须根据语境来确定。

（一）根据上下文确定词的语境意义

在使用中词的绝对意义不变，但因其所处的上下文不同或与之搭配的词组不同，翻译时所产生的联想则不同。翻译时，往往要根据上下文或者单词所处的情景来确定词义。对于这类情况，译者在翻译时应根据句子或者文章的内容，或者相邻词组来考虑选词，必须对所翻译词语做灵活恰当的处理，而不能刻意按照词典或者课本强行套用对词语的汉语解释，机械生硬地翻译，这样往往会造成翻译错误。

例 [3-24-1]：The company has executed the order promptly.

译文：公司迅速交付订货。

例 [3-24-2]：They have placed an order with the Boeing Company for 30 new middle-sized airliners.

译文：他们已经向波音公司订购 30 架中型新客机。

例 [3-25-1]：The first phase is to be the setting up of a joint venture to make switches—subject to US Government approval of export licenses.

译文：第一阶段是建立合资企业以制造交换机——这需要取得美国政府发放的出口许可证。

例 [3-25-2]：The obligation of each bank to make the loan to be made by it is subject to the condition hereunder.

译文：各银行贷款的义务需根据下列条件而定。

例 [3-26-1]：Every effort is made to address customers' needs.

译文：尽力满足客户的需求。

例 [3-26-2]：In an attempt to address this problem, major banks are about to offer start-up packages to assist new businesses.

译文：为了解决这个问题，几家大银行计划提供创业一揽子计划，以协助新开办的企业。

例 [3-27-1]：Goods already manufactured in Italy and successfully marketed in foreign countries could be produced in and exported from China.

译文：在意大利已经大量生产，而且在国际市场上已成功打开销路的产品，可以在中国生产并出口。

例 [3-27-2]：To market a product for a producer on a worldwide or regional basis is what Myrrh does best.

译文：为生产厂商在全球或某一地区推销产品是米瑞公司最拿手的业务。

分析：以上 4 组英语例句中单词所处的语境不同，翻译时需要灵活处理。

例 [3-24] 中的 "order" 在外贸英语中通常翻译成 "订单"，但在不同的上下文中可译成不同的含义，该词在两个例句中分别译为 "订货" 和 "订购"。

"subject to" 的基本含义是 "受……支配的"，考虑到上下文和汉语的表达习惯，它在例 [3-25] 的两个例句中分别译为 "需要取得……" 和 "根据……而定" 比较恰当。

"address" 作动词时，其词义为 "对付，处理"，但它在例 [3-26] 两个例句中分别译为 "满足" 和 "解决" 较为贴切。

"market" 作动词时，意思为 "销售"，在例 [3-27] 两个例句中，可以酌情分别译成 "打开销路" 和 "推销"。

（二）汉译阶段的词义引申

根据词语所在的上下文和搭配关系来考虑词语在语境中的确切意义，必定涉及汉译阶段的词义引申。以下的例句与上述的例句相比，词义的灵活性更大，也意味着选择准确目的语词语的难度相应增加。译者要充分理解词语在外贸语篇中的含义，认真考虑其搭配的词组，仔细斟酌词语的引申意义，如果找不到汉语对应词，应考虑改换说法，以便在译文中准确、通顺地表达原文词语的含义。

例 [3-28]：The exporter has drawn a draft on the importer for US \$5 800 with relevant shipping documents attached.

译文：出口方开立了一张金额为 5 800 美元、以进口方为付款人的汇票，随附相关货运单据。

例 [3-29]：Please open an irrevocable documentary letter of credit in your favor.

译文：请开一张以你方为受益人的不可撤销跟单信用证。

例 [3-30]：Our company is interested in a two-way business with you.

译文：我公司有兴趣与贵方进行易货贸易。

例 [3-31]：Payment will be made by 100% confirmed, irrevocable letter of credit available by sight draft.

译文：付款方式为 100% 即期、保兑、不可撤销的信用证。

例 [3-32]：Pricing goods below the competition also exposes a business of pricing wars. Competitors can match the lower price, leaving both parties out in the cold.

译文：如果把商品价格定得低于竞争对手，就会使企业卷入价格大战。竞争者会竞相压价，以致两败俱伤。

分析：例 [3-28] 中 "draw" 一词有 "提取，提款" 的意思，但是把 "draw a draft" 译为 "提取一张汇票" 显然不恰当，在明白了词组搭配的意义后，应译为 "开立一张汇票"。

例 [3-29] 中的 "in your favor" 不能理解为 "对你方有利"，应译为 "以……为受益人"。

例 [3-30] 中的 "two-way" 并非 "双向的" 之意，根据上下文，应译为 "易货的，交换商品的"。

例 [3-31] 中的 "confirmed" 不能理解为 "确认"，和 "letter of credit" 连用，应翻译为 "保兑信用证"，即指一家银行所开的由另一家银行保证兑付的一种银行信用证。

例 [3-32] 中的 "match" 不能翻译成我们通常理解的 "相配" 或者 "抗衡"，这里的 "match" 指厂商大打价格战，应翻译成 "竞相压价"。

（三）外贸英语语篇中的短语含义

外贸英语中有不少由普通名词组成的短语。拆开看，构成这些词组的单词都是我们常见并熟悉的，但在组成短语后，其真实含义并不是轻易就能理解的。要获得正确的理解，必须全面深入地分析词组，不仅需要了解字面的意思，更要充分掌握词组在外贸英语语篇中的内在含义。

例 [3-33]：The buyer is trying to find fault with the seller and make market claim.

译文：买方试图挑剔卖方，以提出恶意索赔。

例 [3-34]：The company made good the damage it had done.

译文：公司赔偿了由自己造成的损失。

例 [3-35]：The CFR term requires the seller to clear the goods for export.

译文：CFR 术语要求卖方办理出口清关手续。

例 [3-36]：Please quote your rate for all risks open policy for US $20 000 to cover the shipment of general merchandise by Pacific Linder Ltd. from Hong Kong and Singapore to the Atlantic ports in Canada and the United States.

译文：请贵方开列两万美元普通商品的预定保险全保的收费率，这些货物是由太平洋轮船有限公司载运，自香港和新加坡驶向加拿大和美国的大西洋沿岸港口。

例 [3-37]：Due diligence should be done before finalizing any large investment or acquisition.

译文：在确定大笔投资或并购前需要进行尽职审查。

例 [3-38]：The final price will be a fair one，calculated at arm's length.

译文：最后的价格以正常交易关系核算，将是公道的。

例 [3-39]：The Board made great effort to improve the balance sheet of the company.

译文：董事会竭尽全力改善公司的整体财务状况。

例 [3-40]：The company has trebled its initial investment and is now expanding its product range and manufacturing capacity.

译文：公司的先期投资增加了两倍，而且正在扩大产品的范围和生产能力。

例 [3-41]：Under the circumstances，it seems rather difficult to close a bargain.

译文：这种情况下，成交看来相当困难。

例 [3-42]：We have decided to allow you a special discount of 10% to set the ball rolling.

译文：为了打开僵局，我们决定给贵方 10% 的特别折扣。

分析：例 [3-33] 中的 "make market claim" 指的是出现价格下跌等对买方不利的因素时，买方有意挑剔并提出的索赔行为，作 "恶意索赔" 解释，而不是按照字面的 "市场索赔" 解释。

例 [3-34] 中的 "make good" 是 "偿付，赔偿" 之意，同样不是字面的 "产生好处" 的意思。

例 [3-35] 中的 "clear the goods" 在句中指按某一贸易术语成交时，由卖方或买方为出口或进口货物办理的清关手续，不能按字面意思理解为 "清理或清除货物"。

例 [3-36] 中的 "open policy" 并不是 "开放政策"，而是 "预约保单"，"policy" 有 "政策" 之意，但在此句中应解释为 "保单"，类似的例子还有 "mixed policy"（混合保单）和 "specific policy"（特定保单）。

例 [3-37] 中的 "due diligence" 按照字面的意思应为 "应有的勤奋"，但在句中指会计师等专业人员以专业身份和知识审核有关资料是否准备齐全的一个过程，因此应翻译为 "尽职审查"。

例 [3-38] 中的 "at arm's length" 在外贸英语中常常解释为 "交易的双方均不受对方的控制"，也可以引申为 "正常、公平的交易"，而不是指 "在伸手可及处" 之意。

例 [3-39] 中的 "balance sheet" 通常指 "资产负债表，决算表"，此处可以引申，翻译成 "公司的整体财务状况"，此处的引申义和这两个单词的字面意思大相径庭。

例 [3-40] 中的 "initial investment" 并不是 "最初的或一开始的投资"，而是指 "先期投资"。

例 [3-41] 中的 "close a bargain" 不能理解为 "终止交易"，在外贸英语中表示 "成交"。

例 [3-42] 中的 "set the ball rolling" 不能从字面意思来理解，其基本含义是 "开始某种活动（常指开始谈话）"，在外贸英语中常翻译为 "打开局面" 或 "使……开始运作"。

三、外贸英语中其他用词特点

外贸英语用词除了上述特点之外，还有一些其他典型特点。

（一）以虚指实的名词

抽象（虚）与具体（实）是指英语中经常出现用抽象的词语来表达具体的概念，或者用具体的词语表达抽象的概念。这种用词现象常在翻译过程中找不到完全对应的汉语词，只能通过词义转换，把原文中表达具体概念的词语翻译成汉语中表达抽象概念的词语，或者把原文中表达抽象概念的词语翻译成汉语中表达具体概念的词语，最终准确地表达出词语的含义。

例 [3-43]：She is a valuable acquisition.

译文：她是个不可多得的人才。

分析: 句中"a valuable acquisition"是个抽象的概念,但在这里指具体意义"不可多得的人才"。

在很多情况下，外贸英语中有不少抽象名词可以变成可数名词，表示比较具体的事物，同时有复数形式。这些以虚指实的抽象名词简化了英语的表述。在这种情况下翻译应该把抽象的概念具体化。而这种抽象与具体之间的转化，不论在理解还是表达上都存在一定的难度，因此在翻译时要反复斟酌、仔细选词，使译文更加贴切。

例 [3-44]：According to the shipping schedule，there will be two shipments of crude oil before the end of the year.

译文：根据船期，年底前还有两船原油。

例 [3-45]：The United States is a heavy consumer of natural resources，and it is increasingly reliant on certain imports，especially on oil.

译文：美国是自然资源消耗大国，因此它越发依赖某些进口产品，尤其是石油。

例 [3-46]：The greatest increase in US imports of Chinese goods has been registered in toys and foot-wear.

译文：美国从中国进口的产品中数量增加最快的一直是玩具和鞋袜。

例 [3-47]：The supplier has decided to stop free delivery as a result of a rise in the cost.

译文：由于成本上升，供货商决定停止免费送货的服务。

例 [3-48]：The Washington-based International Monetary Fund switches to a different system for establishing the size of each country's economy.

译文：总部设在华盛顿的国际货币基金组织改用另外一种体系来评估各国的经济实力。

例 [3-49]：The success or failure of a product is directly related to the marketing of the product.

译文：推出一个产品是成功还是失败，直接同对该产品的市场开拓工作做得如何有关。

例 [3-50]：For your consideration and that of your end-users, we have taken this opportunity of enclosing two sets of our literature.

译文：借此机会附上两套资料，供贵方和用户参考。

例 [3-51]：The financing of the sale often involves bills of exchange and documentary credits.

译文：商品买卖的货款收付情况体现在汇票或跟单信用证中。

例 [3-52]：We request you pay special importance to the validity of this offer.

译文：贵方特别注意这项报价的有效期限。

例 [3-53]：In order to be eligible to attend and vote at the SGM of the company, all transfers of shares（with the relevant share certificates）must be lodged with the branch share registrar of the Company by 4：00 p. m. on Friday.

译文：凡欲享有资格出席本公司的股东大会并于会上投票者，所有股份过户文件（连同有关股份证书）必须于星期五下午四点前送达本公司的股份过户处。

分析：例 [3-44] 中的"shipment"常作为不可数名词，指"运送"的意思，而在此句中，该词用作复数，其含义为"装运的货物"。

例 [3-45] 中的"imports"并不是抽象概念"进口"，而是指"进口的产品"。

例 [3-46] 中的"foot-wear"是一个抽象名词，但却表达了一个具体的概念"鞋袜"，如果译成"脚上穿的东西"，则含义模糊不清。

例 [3-47] 中的"delivery"并非表达"运送"这个抽象概念，而应理解为"送货服务"。

例 [3-48] 中的"size"并非指抽象意义上的"大小"，也不是指"尺寸"，其含义应具体确定为"（各国的经济）实力"。

例 [3-49] 中的"marketing"是动词"market"转变来的动名词，但在这里"marketing"并非表示抽象概念"销售，出售"，应具体理解为"市场开拓"。

例 [3-50] 中的"literature"不是抽象概念上的"文学，文献"或"印刷品"，在外贸英语中应将其含义具体确定为"（公司提供给客户的）产品资料"。

例 [3-51] 中的 "financing" 源于动词 "finance"，它在该句中应具体理解为 "货款收付情况"，而不是抽象意义上的 "提供资金" 之意。

例 [3-52] 中的 "validity" 不是抽象概念 "有效性" 或 "效度"，而应具体理解为 "有效期限"。

例 [3-53] 中的 "transfers" 并非指抽象意义上的 "过户"，而应具体引申为 "过户文件"，与其后的 "share certificates"（股份证书）相呼应。

（二）名词的复数变义

在外贸英语中，有些名词在单数变成复数时词义会发生变化。这些名词的单、复数意义完全不同，其复数意义既不是单数意义的扩展和引申，也不是其联想意义。

例 [3-54]：Commodity futures trading is an important part of the buying and selling process.

译文：商品的期货交易是买卖过程中的重要组成部分。

例 [3-55]：For accounting and other purposes, the above-mentioned current assets and liabilities are those actually shown in the balance sheet as per incorporation date.

译文：为了核算和其他目的，上述流动资产及负债就是那些实际反映在公司成立那天的资产负债表内的数字。

例 [3-56]：BOOM offers online stock trading services for listed securities in Asian markets.

译文：宝盛证券提供了网上证券交易的服务平台，以方便客户交易亚洲市场上的上市证券。

例 [3-57]：The duration of the trade agreements are to be five years.

译文：这些贸易协定的期限规定是 5 年。

例 [3-58]：We have been awarded US $50 000 damages for the loss we suffered in the accident.

译文：我方因事故遭受损失而得到 5 万美元的赔偿金。

分析：以上 5 个例句中出现的单词复数形式与其单数形式的意义截然不同。

例 [3-54] 中的 "futures" 在句中的含义是 "期货"，与其单数形式的含义 "未来" 相距甚远。

例 [3-55] 中的 "liabilities" 的意思是 "负债"，如果认为是其单数形式 "责任" 的含义，译文就会出现偏差。

例 [3-56] 中的"securities"同样不是其单数形式"安全，保障"的复数含义，应解释为"有价证券"。

例 [3-57] 中的"agreements"作为复数名词在句中应译为"协议，协定"，而不是"同意"。

例 [3-58] 中的"damages"并非"损害"之意，应正确理解为"赔偿金"。类似的名词并不多，如果在翻译中疏忽大意，处理不好，会造成误译，影响翻译的准确性。

（三）外贸英语中的形象词语

外贸英语中的形象词语通俗易懂，便于记忆，富有吸引力，能给人留下深刻的印象。通常按照字面意思翻译，就能达到译语准确、富有形象的效果。

例 [3-59]：To finance these purchases, the importer may arrange for the opening of a red clause credit.

译文：进口商为所购商品筹措资金，可以开具红条款信用证。

例 [3-60]：In view of our long friendly relations and the efforts you have made in pushing the sales, we agree to change the terms of payment from L/C at sight to D/P at sight, but this should not be taken as a precedent.

译文：鉴于我们长期的友好关系和您在销售方面做出的努力，我们同意将即期信用证付款方式改为即期付款交单，但这不应当作先例。

例 [3-61]：Cash discounts encourage consumers to pay cash so that the retailer can avoid processing fees for credit card transactions.

译文：现金折扣鼓励顾客用现金购买商品，这样，零售商就不用支付信用卡交易过程中的手续费。

例 [3-62]：We have received your price list and have carefully looked over it, but please let us know your bottom prices for these articles.

译文：我们已经收到贵公司的价目表并仔细拜读了，但请告知我们这些商品的底价。

例 [3-63]：In order to book ship's space, we have to take a shipping order from the shipping company.

译文：为了订到船位，本公司必须从船运公司拿到装货单。

例 [3-64]：If the price and quality of your goods are satisfactory, we will place our repeat orders with you.

译文：如果贵方货物的质量和价格都令人满意，我方会续购的。

分析：例 [3-59] 中的"a red clause credit"是"红条款信用证"，通常包含一个特别条款，授权议付行、通知行、保兑行或其他银行在交单前将信用证全部或部分金额预支给出口商，因最初该信用证用红字打印而得名。

例 [3-60] 中的"at sight"是"一见到"的意思，"L/C at sight"指"即期信用证"，即指受益人按即期信用证规定的条款签发即期汇票，称见票即付信用证，亦称即期汇票付款；"D/P at sight"指"即期付款交单"，指出口方开具即期汇票，由代收行向进口方提示，进口方见票后即须付款，货款付清时，进口方取得货运单据。

例 [3-61] 中的"cash discounts"意为"现金折扣"，其含义非常形象，很容易使人联想到相关的词组 season discount(季节性折扣)和 quantity discount(数量折扣)。

例 [3-62] 中的"bottom price"是"底价"的意思，按照单词的字面意思翻译即可，其含义非常形象，其他相关的词组还有 floor price（最低输出价）、cost price（成本价）和 inside price（同行价格）。

例 [3-63] 中的"shipping order"是"装货单"的意思，同样可以直译，其含义非常明确。

例 [3-64] 中的"repeat orders"指"续购订单"或"续订货物"，其含义直接而形象。其他类似的词语还有 back-to-back credit（背对背信用证）、liner bill of lading（班轮提单）、airway bill（航空运单）、export declaration（出口申报单）、import declaration（进口申报单）、delivery order（提货单）、differential duties（差别关税）等。

（四）使用古体词

外贸英语的语篇风格非常正式，其中有一些在其他领域不常使用的古体词，出现最多的是以 here、there、where 为词根，加上一个或几个介词构成的古体词，如 hereof、hereby、hereunder、herewith、thereof、therein、thereon 等词。这些词都是非常正式的书面用语，在外贸英语信函和外贸合同英语中，使用非常普遍；这些词均为副词，在句中通常充当状语，在汉译时应按照汉语的表达习惯进行恰当的调整和处理。

例 [3-65]：Therein lies the problem of handling and shipment.

译文：有关货物搬运和装船的问题就出在那里。

例 [3-66]：We enclose herewith a few cuttings of newspaper advertisements your reference.

译文：随此函附上几份报纸广告，以供参考。

例 [3-67]：The Seller shall bear all costs and risks of the goods until such time the Buyer is obliged to take delivery thereof.

译文：因此，卖方必须承担货物的一切费用和风险直到买方负责提货时为止。

例 [3-68]：We shall hold you responsible for any loss that we may sustain therefrom.

译文：我方由此遭受的一切损失必须由贵方负责。

例 [3-69]：In the event of accident whereby loss or damage may result in a claim against the Sellers，notice shall be given to the Seller's agent as mentioned hereunder.

译文：如果由于事故而造成损失或损害并因此可能导致向卖方提出索赔，应按照如下规定，通知卖方的代理人。

第二节　外贸英语词汇的翻译技巧

一、词类转换

词类转换是指在翻译中，部分词语的词性和表达方法被改变了，这是英汉互译常用的技巧。英语和汉语分属于两种不同的语系，在表达习惯、用词习惯、单词搭配和句型结构等方面也存在较大差异，所以在翻译时不可能做到译文与原文中的单词词性及表达手法完全一致。为了适应汉语的表达习惯和语法规则，多数情况下，译者应根据上下文的含义进行词类转换，对译文进行适当处理，使之通顺、自然。

（一）名词转译成动词

英语多用名词或名词词组来表示动作行为的概念，这种现象在英语书面语中相当常见；汉语则恰恰相反。除了大量的动宾结构外，汉语中还有很多联动结构和兼语结构等两个以上动词连用的现象，动词在汉语句中常常频繁出现。基于两种语言的这一差异，在翻译过程中有时必须把英语名词转译成汉语动词，以使译文更符合汉语的表达习惯。但并不是所有的英语名词在翻译时都必须转译成相应的汉语动词，可以转换的通常是动态名词，例如那些由动词通过后缀变化而来的名词。以下例句可以说明外贸英语语篇中的名词转译成汉语中的动词这种变通技巧。

例 [3-70]：Extremely keen competition between American and Japanese vehicle manufacturers in the American market has compelled us to bring down the price for the time being.

译文：美国和日本的汽车制造商在美国市场竞争得非常激烈，迫使我们不得不暂时降价。

例 [3-71]：Aiming at the promotion of the bilateral trade，SINOCHEM and ICI have come to the following agreement.

译文：为了促进双边贸易，中国中化集团有限公司和英国化学工业公司达成了以下协议。

例 [3-72]：Marketing of a product does not only mean selling，but going to the market，visiting our customers and offering best customer service.

译文：推销产品，不仅意味着卖，而且要亲临市场、拜访客户并且提供最好的售后服务。

分析：例 [3-70] 中的 "competition" 是由动词 "compete" 派生而来的，表示动作，翻译时转换为动词较合适。如果按照字面意思直译为 "美国和日本的汽车制造商在美国市场的异常激烈的竞争……"，不仅读起来让人感觉不自然，而且译文句子的主语显得过长和拖拉。

例 [3-71] 中的 "promotion" 来自动词 "promote"，转译成动词 "促进" 较合适。

例 [3-72] 中的 "marketing" 源自动词 "market"，意思是 "销售，出售"，因此 "marketing of a product" 转译成动宾结构 "推销产品" 比较恰当。

（二）介词转译成动词

英语中，大多数介词不仅使用频率高，搭配能力强，含义也十分丰富，一词多义的现象屡见不鲜，因此介词也常常可加以引申，用来表示抽象含义，即表示动作意义。和英语相比较，汉语动词用得很多，但汉语介词的功能相对简单，并且汉语介词多是由动词演变而来的，两者往往很难区分。英译汉时，由于汉语缺乏与英语介词相对应的词，大量介词可以从其基本意义出发，联系上下文加以灵活处理，通常是把英语介词译成汉语动词。

例 [3-73]：With the further deterioration of the Western economy，the prospects of chemicals market become very dim.

译文：随着西方经济进一步恶化，化工市场的前景变得十分暗淡。

例 [3-74]：The sellers and buyers have reached the following agreement through friendly consultations.

译文：经过友好协商，卖方和买方达成了以下协议。

例 [3-75]：Preference shares have a fixed rate of dividend（interest paid per year）company does well，holders do not receive an additional dividend over this rate.

译文：优先股的红利有一个固定的股息率（每年付息），即使公司生意做得好，股东所得的红利也不会超过这个比率。

例 [3-76]：There is an over-supply because people have been putting their goods from stock on the market.

译文：现在供过于求，因为人们在不停地清理库存，把存货投放到市场上。

（三）形容词转译成动词

英语形容词通常用来修饰名词或代词，表示人或事物的性质和特征。值得指出的是，有些英语形容词能表示心理或精神状态，如 appreciative 和 familiar，其中不少形容词是由动词加后缀转变而来的，如 hesitant。这类形容词常常与系动词（如 be 和 become）连用，有些还能与介词搭配构成短语，在句中均代行动词职能，翻译时应转译成动词。

例 [3-77]：The demand for money is reasonable as the quantity needed to effect business transaction.

译文：货币需求可视为完成交易所需要的货币量。

例 [3-78]：We are very hesitant about signing a new contract with you as you have regulated your price.

译文：对于签订新合同一事，我们非常犹豫，因为贵方已经调整了价格。

例 [3-79]：We are committed to fulfilling the contractual obligations to your satisfaction.

译文：我们答应将完全按照合同办事。

例 [3-80]：But our products have never been all that dominant on the American market a result which goes against our expectation.

译文：但是我们的产品从未在美国市场占据那样的主导地位，这样的结果和我们预计的相反。

例 [3-81]：After the bid is accepted，we shall be preoccupied with our advance-phase preparation.

译文：项目中标后，我方将专注于前期的准备工作。

（四）动词转译成名词

由于汉英表达方式的不同，英语中有部分动词，如 aim at、impress、shape 和 characterize 等，在翻译成汉语时，虽然可以用对应的汉语动词直译，但是如果转译成名词，译文则显得更加通顺，更加自然，更符合汉语的表达习惯，而且与直译成汉语动词相比，更能体现出该词在原句中的含义。

例 [3-82]：Similarly, the Coca-Cola bottle—the classic piece of modern package design now symbolizes the power of 20th century Western civilization to penetrate and erode other cultures.

译文：同样，可口可乐瓶是现代包装设计的经典之作，也是 20 世纪西方文明对其他文化渗透与侵蚀的象征。

例 [3-83]：The company report targets earnings from selling at US $2 million by 2007.

译文：公司的报告中提出一个目标——到 2007 年，销售收入要达到两百万美元。

例 [3-84]： We are impressed with the capacity of your company and willing to sign a new contract covering substantial quantity.

译文：贵公司的生产能力给我们留下了深刻的印象，我们愿意与贵公司签订较大数量的新合同。

例 [3-85]：For the last two years, the company has spent more than it has taken in.

译文：在过去的两年中，公司的支出大于其收入。

例 [3-86]：We aim at seeking new global partners and exploiting a new market by e-commerce.

译文：我们的目标是寻找新的全球合作伙伴，并且通过电子商务开拓新市场。

分析：例 [3-82] 中的"symbolize"如果直译成动词"象征着……侵蚀"，读起来就感觉有些别扭，而译成"是……的象征"则符合汉语的表达习惯。

例 [3-83] 中的"target"如果直译成动词"瞄准……"或"以……为目标"，显得很不恰当，转译成名词"目标"，符合汉语的表达习惯。

例 [3-84] 中的"impress"的含义是"令人印象深刻的"，如果直译，翻译的味道过重，不符合汉语的表达习惯，改译成名词"深刻的印象"较为恰当。

例 [3-86] 中 "spend" 和 "take in" 的含义分别为 "花费" 和 "吸收"，在句中转译成名词 "支出" 和 "收入"，使句意更加明确。

例 [3-86] 与例 [3-83] 相似，句中的 "aim at" 如果直译为 "我们瞄准寻找新的全球合作伙伴……"，那么译句的表达会相当混乱，改译成名词 "我们的目标" 则符合汉语的表达习惯。

（五）名词转译成副词

在英译汉时，有些名词可以转译成副词，以符合汉语的句子结构和表达习惯。

例 [3-87]：If you give us the agency, we should spare no efforts to further your trading interests in America.

译文：如果贵公司能授予我方代理权，我方将不遗余力地扩大贵公司在美国的贸易利益。

例 [3-88]：We find difficulty in making a further discount of 2% in view of the fact that all other customers have accepted this price.

译文：鉴于其他客户都已经接受此价，我方觉得难以给贵公司再降价 2%。

例 [3-89]：This Business Week comes at a time when we both face difficulties. All the more reason, then, for us to sit down and compare notes as friends and as realists.

译文：这次的贸易周是在我们双方都面临困难的时候举行的，因此，我们更有理由坐下来友好地、现实地交流情况。

例 [3-90]：There is no doubt that we will still charge you old prices on all orders received here up to and including July 31.

译文：毫无疑问，本公司将仍旧以原先的价格收费，但以 7 月 31 日前，包括 7 月 31 日，收到贵公司订单为准。

二、增词和减词

由于汉语和英语在语法、思维方式和表达方式等方面不尽相同，在表达同一概念或思想内容时，两种语言在文字上往往存在着差别，词句的结构差异较大，因此在汉译时经常要增加一些原文中没有的或者省略一些原文中已有的词语，以满足译文语言在句意和修辞方面的需要。如果汉译时未进行一定文字的增减，拘泥于原文的形式，机械地翻译，反而会影响译文的含义。不过，增加的词语必须是原文中不需要而译文中需要的词语，因此不会给译文增加原文没有的意思，而减去的词语应该是译文中不需要的，以求译文的文字简洁流畅。增词和减词是常用的翻译技巧，在实际运用中非常灵活，但是必须在确保译文忠于原文且不损害原文含义的基础上对译文进行必要的调整。在外贸英语翻译中，译者可以从以下几个方面考虑增减文字。

（一）增词

1. 增补范畴词

在外贸英语中，有一些词语的内涵相当空泛，可以表达概括、笼统的含义，在翻译时需要增加范畴词，使之在表达的内容上具体化，这也符合汉语的表达习惯。经常增加的范畴词有方法、情况、现象、状态、方面、问题、范围和关系等。

例 [3-91]：The export is not permitted to exceed its limitation.

译文：出口物资不得超过限制范围。

例 [3-92]：Before we make an offer for our new product to our customers，we must understand our products market，distribution costs and competition.

译文：公司在提供新产品的确定报价给客户之前，必须了解该产品的市场情况、销售成本和竞争情况。

例 [3-93]：As the balance of L/C is $100 000，please make shipment within the amount.

译文：由于信用证的余额是 10 万美元，因此装运费用请限制在此范围之内。

例 [3-94]：Under the circumstances，we have no alternative but to accept your cancellation，but we would ask you to understand that the delay was in no way caused by any negligence on our part.

译文：在这种情况下，我方没有任何选择的余地，只能同意贵方取消订单，但我方希望贵方了解，延迟并非因我方的疏忽所造成。

2. 增加解释性词语

有时候词汇的含义在原句中很明确，但直译过来可能会产生误解或令读者无法理解。在这种情况下，为了使表达更加清晰和自然，需要增加一些解释性或者有附加含义的词语，将这些词汇的含义以及全句的含义更明确地表达出来。这里增词的目的是使译文更加通顺，而不是随意增加原文中没有的信息。

例 [3-95]：We entrust SINOCHART with chartering and hope they can offer pretty good service.

译文：我们委托"中租"公司租船，希望他们能提供很好的服务。

例 [3-96]：As Japan's bubble bursts, a downsizing of expectations is taking place for the world's third-largest capitalist economy.

译文：随着日本泡沫经济的崩溃，对这个位居世界第三的资本主义经济体的期望也在不断下降。

例 [3-97]：Our end-users show a lot of interest in the medical instruments and supplies as illustrated in your brochures.

译文：本公司的用户对贵方产品说明册中的各类医疗器械很有兴趣。

分析：例 [3-95] 中的"SINOCHART"是公司的名称，"chartering"的含义是"租用"，如果直译"我们委托中租租用"，则含义令人费解，译文中分别增加了"公司"和"船"，句意就非常明确了。

例 [3-96] 中的"bubble"并非单指"泡沫"，而是"泡沫经济"，翻译时应增补"经济"。

例 [3-97] 中的"medical instruments and supplies"都是复数，因此翻译时应增加"各类"，以确切表达出原句的意思。

3. 增加需要重复的词

在英语中，为了不让文章单调乏味，会尽量避免用词上的重复。按照英语行文的习惯，在后面行文中往往省略前文已经提及的相同词语，或对并列结构中的相同词语进行合并，以避免重复。相反，汉语不用代词替代原词，汉语的重复不会给人以乏味感，如果使用恰当，反而可以起到强调的作用。此外，由于汉语句子的结构与英语有所不同，需要重复使用相同的词语，否则可能会造成译句表达不通顺。

例 [3-98]：Please carefully read all the following terms and conditions which shall govern your use of the software products and attached documentation.

译文：细阅读下列全部的条款，这些条款将指导你如何使用软件产品和随附的文件资料。

例 [3-99]：Your bank check for US $10 000 has been credited to your account, which is now completely clear.

译文：贵方一万美元的银行支票已经记入贵方的账户，而贵方的账户也完全结清。

例 [3-100]：If you can load more at one berth, please do.

译文：如果贵方能在一个泊位多装的话，就请多装一些吧。

例 [3-101]：We are ready for shipment of your order and we will complete it by this weekend.

译文：我方已经准备好装运贵方订购的货物，本周内将装运完毕。

（二）减词

英语中像冠词、代词这类词，有时在句中只起语法作用却无表意作用或者表意作用不大，在这种情况下，可以省略不译。

1. 减译冠词

例 [3-102]：To give you a general idea of the various kinds of cotton piece goods no available for export，we enclose a brochure and price list.

译文：为了使贵方能大概了解供出口的各种棉布，现随函附上产品说明书和价目表各一份。（减译一个不定冠词和一个定冠词）

例 [3-103]：We are trying to assess the damage which the shipment suffered in transit.

译文：我方正在设法估计货物在运输中遭受的损失。（减译两个定冠词）

例 [3-104]：It's a pleasure to offer you the goods as follows.

译文：非常荣幸能向贵方报盘如下。（减译一个不定冠词和一个定冠词）

例 [3-105]：Owing to the prompt marking up of the market price now，we have a prospect of about a 50% increase in a week's time.

译文：因为目前市场价迅速上扬，一周以后，本公司预期将涨价约 50%。（减译两个不定冠词和两个定冠词）

例 [3-106]：Should the buyers have to lodge a claim against the sellers，it must be done within 30 days after the arrival of the tanker at the port of destination.

译文：如果向卖方提出索赔，需在油轮抵达目的港后 30 天内提出。（减译一个不定冠词和五个定冠词）

2. 减译代词

英语中的代词，尤其是所有格代词，有时在句中只起语法作用，并不强调自身的含义，在汉译时如果省略不译，则更符合汉语的表达习惯。

例 [3-107]：Please quote your lowest price of men's polo shirt Tommy MY-390.

译文：请报汤米 MY-390 男式 polo 衫的最低价。（减译 your）

例 [3-108]：We assure you of our reciprocating your courtesy at any time.

译文：贵公司的好意，我方保证随时回报。（减译 you 和 our）

例 [3-109]：We are on the look-out for the following goods and if you handle them，we shall appreciate your sampling an offer and stating the trade terms.

译文：本公司正密切注意以下货物，如果贵公司有售，请提供样品报价，标明交易条件，不胜感激。（减译 them 和 your）

例 [3-110]：As the quantity is limited，we advise you to stock your requirements without loss of time.

译文：因为数量有限，所以我方建议贵方预先储备所需，以免错失良机。（减译 your）

3. 减译动词

在英语句子中，有些谓语动词本身的表意作用很小，甚至无表意作用，在汉译时可以不译。

例 [3-111]：Delivery must be effected within the time stated on the purchase order.

译文：在购货订单规定的时间内交货。（减译 effect）

例 [3-112]：If you have goods similar to our samples among the articles you handle please make us an offer at the best prices urgently.

译文：如果贵方销售类似该样品的货物，请急速告知最优惠的报价。（减译 have）

例 [3-113]：Please let us know what your workable quantity is.

译文：请告知本公司贵方可交货的数量。（减译 is）

例 [3-114]：The packing charges of this machine cost about US \$5 000.

译文：这台机器的包装费大约 5 000 美元。（减译 cost）

例 [3-115]：We will make prompt cash payment on your delivery of document.

译文：只要收到贵方的文件，本公司即以现金支付货款。（减译 make）

4. 减译其他词

英语与汉语在表达相同概念时使用的方法有所不同。英语的表达用词烦琐，汉语偏向简洁。在进行外贸英语翻译时，译者应该根据上下文，把不影响句意的用词省去不译。

例 [3-116]：We expect that you will give us a definite reply at your earliest convenience.

译文：期盼贵方能尽早给我方一个明确的答复。（减译 convenience）

例 [3-117]：We take this opportunity to inform you that we are now in a position to make prompt shipment of the merchandise.

译文：兹奉告，该商品可即期装运。（减译 take this opportunity）

例 [3-118]：Immediately on obtaining these documents，please put your signatures on them and return them at once.

译文：贵方收到这些文件后，请签名并立刻寄回。（减译 immediately）

例 [3-119]：As we are under a contract to accept the shipment of a monthly quantity of 1000 tons as contract quantity，we will be subject to a heavy fine if we fail to accept it.

译文：依照合同规定，我方每月要接受 1000 吨的货物，否则会被处以重罚。（减译 as contract quantity 以及 if 从句，用"否则"就可译出 if 从句所要表达的含义）

例 [3-120]：Your goods are much inferior to the samples on which we passed our order. We cannot possibly take them in and request you let us have your explanation as to why such goods were delivered.

译文：贵方货物的品质与我方下订单时依据的样品相比差多了。因此，我方不能接受这批货物，并请求贵方解释为什么会运送这样的货物给我们。（减译 as to）

三、词语的反译

反译是翻译中常用的技巧，主要指肯定句和否定句之间的相互转换。简单地说，就是根据上下文的需要，把肯定句译成否定句，或者把否定句译成肯定句。其目的在于使译文更加符合汉语的表达形式，帮助读者正确无误地理解原文的意思。这种通过转换表达角度，用译语意义替代源语意义重组源语信息的表达形式，能使译文更符合汉语的表达习惯，有利于读者的理解和接受。

例如，从正面角度翻译 "Here turned home with no hope on his face." 这句话，就会译成"他脸上没有一丝希望地回到了家"，那么读者看了就会如坠云里雾里，但从反面角度译成"他心灰意冷地回到了家"，句意就相当明确了。在外贸英语翻译中，同样存在从正面翻译可能无法下笔的情况，这时用反译法处理，句意往往就通俗易懂了。

例 [3-121]：The amount of money we have got so far from you is nowhere near the total sum and if you do not finish payment，we will not deliver the goods.

译文：到目前为止，本公司从贵方处收到的钱款比起总额相距甚远。如果贵方不付清货款，本公司不会发货。

例 [3-122]：This price concession will not apply after November 20, so we suggest that you take advantage of this offer and make a large order.

译文：此次让价 11 月 20 日后失效，因此本公司建议贵方，利用此次报价大批订购。

四、词序的调整

英汉两种语言的思维方式和表达方式各不相同，这也反映在词序上。例如，汉语中的"衣、食、住、行"和"东、南、西、北"，在英语中分别为"food, clothing, housing, transportation"和"north, south, east, west"。又如，汉语中的"中国近代史"，在英语中的表达是"modern Chinese history"。英汉两种语言在词序上有所不同，这是不可否认的客观事实，因此译者在翻译过程中必须调整词序，使译文符合目的语的表达习惯，确保句意的通顺。在外贸英语翻译过程中，要注意属性关系上的词序，即单词或短语作定语和状语时的位置问题。理解其排列顺序的主要特点后就能在翻译中做出相应的词序调整。

（一）状语词序的调整

英语中的状语一般放在动词之后，副词或副词短语作状语修饰动词时，既可置于动词前又可置于动词后，而在汉语中一般状语在前，动词在后。

例 [3-123]：If you have some documentary evidence we would like you to send it urgently.

译文：如果贵方有证明文件的话，本公司希望贵方能立刻寄来。

例 [3-124]：These goods are of first-class quality and they enjoy a good reputation among the consumers of your country.

译文：这些货物品质一流，在贵国的消费者中享有很好的声誉。

例 [3-125]：Referring to your enquiry of April 20, we very much regret that we are unable to make you an offer, mainly owing to low stock of the product.

译文：贵方于 4 月 20 日的询价，我方十分抱歉，现在不能报价，主要是因为货物库存少。

例 [3-126]：There has been a jump in price due to the scarcity of the goods, and as a result, many companies have marked up the price considerably.

译文：由于货品短缺，货价猛涨，因此，许多公司大幅度地提高价格。

（二）定语词序的调整

英语和汉语中的定语是明显不同的。汉语中的定语大多只能前置，而英语中的定语既可前置又可后置，尤其是短语作定语时，一般置于被修饰词之后。因此，在翻译中需进行相应的调整。

例 [3-127]：How much cash is tied up in accounts receivable and for how long？

译文：有多少现金被搁置在应收账户上？搁置多久了？（形容词后置）

例 [3-128]：Much to our regret none of the items offered are of interest to our end-users.

译文：很抱歉，所报的商品中，没有一件令本公司的用户感兴趣。（分词后置）

例 [3-129]：The items listed in your enquiry are handled by our branches.

译文：贵方询价单中所罗列的商品，是由我方的分公司经销的。（分词短语后置）

例 [3-130]：We are offering you an article of the highest quality at a very reasonable price and hope you will take the opportunity to try it.

译文：我方以合理的价格为贵方提供了一件品质一流的商品，望贵方把握时机试用。（介词短语后置）

例 [3-131]：We reserve the right to claim compensation from you for the loss.

译文：本公司保留要求贵公司赔偿损失的权利。（不定式短语后置）

第四章　外贸英语的句法特点与翻译

从句法上讲，外贸英语呈现出两种截然相反的特征：一方面，随着时代的发展，外贸英语趋于简单化，表现在语言结构上就是简单句、省略句甚至不完整句的使用越来越多；另一方面，外贸英语中所使用的语言本身又是十分严谨准确的，这种特点体现在语言结构上就是长句多、句子中较多地使用介词以及结构比较复杂，尤其是在造句的时候会大量地运用定语从句、名词性从句、各类状语从句以及被动语态，这些都会使得人们理解与翻译外贸英语变得更加困难。本章主要分为外贸英语的句法特点、外贸英语句式翻译的技巧两部分。主要内容包括：时态特点、句式结构、外贸英语句式的翻译方法、被动语态的使用与翻译等。

第一节　外贸英语的句法特点

一、时态特点

外贸英语作为对外贸易的工具，所表达的内容多为说明或规定某事、请求或询问某事、陈述观点或提出要求，表述方法也与普通英语不尽相同，因此外贸英语的语言具有鲜明的时态特点。

（一）时态代替

在外贸英语信函中，常有一般现在时或现在进行时代替将来时的情况。

例 [4-1]：We look forward to receiving your enquiry soon.

译文：盼贵方能尽快询盘。

例 [4-2]：I look forward with interest to your comments on my proposal.

译文：期盼你们对我的提议做出评议。

例 [4-3]：We are giving you the best discount in view of your previous order.

译文：鉴于贵方先前的订单，我方将给予最优惠的折扣。

例 [4-4]：We are sending you our latest catalogue covering our exports.

译文：我们将寄给贵方我方最新的出口产品目录。

分析：例 [4-1] 和例 [4-2] 用一般现在时代替将来时，而例 [4-3] 和例 [4-4] 用现在进行时代替将来时。类似这样的时态替换在外贸英语信函中使用较多。

（二）时态倒退

在进行国际贸易的时候，从开始建立交易关系的询盘、报盘、还盘、定价到后来的装运、保险、资信调查、货款支付、投诉索赔等，最常运用的表达方法就是委婉表达，因此在外贸洽谈中常用动词的一般过去时代替一般现在时，以体现语气的委婉。

例 [4-5]：We wanted to know whether you could effect shipment one month earlier.

译文：我方想知道贵方能否提前一个月装运货物。

例 [4-6]：With your sales ability, our superior quality and low price, it was not so difficult for you to sell 2500 sets every year, I think.

译文：我认为，我们的产品质优价廉，以贵方现有的销售能力，每年销售 2500 套应该没什么问题。

二、语气委婉

前文提到外贸英语常用过去时代替一般时，以体现语气的委婉，而事实上，句式语气的委婉是外贸英语的重要特征。这是因为在进行外贸洽谈的时候，不管是买方还是卖方都会使用的修辞手段就是委婉表达，以此将自身持有的观点或者希望对方做到的事情礼貌、婉转并且得体地表述出来，或者向对方提出己方的请求或建议。所以，在外贸英语中委婉表达这一修辞手段被广泛应用，几乎涵盖了外贸过程中的所有环节。委婉表达除了借助时态变化外，还有以下表达方式。

（一）使用虚拟语气

虚拟语气可以使用在表示假设、愿望、建议、请求的句中，让语气变得更加委婉。使用虚拟语气可以在洽谈贸易或业务时，给双方留下好印象，留有更多商量的余地，有利于促进交易的达成。

例 [4-7]：We should be obliged if you would give us a quotation per ton CFR Lagos.

译文：如果给我方的报价能按每吨成本加运费拉各斯价计价，我方将不胜感激。

例[4-8]：If we could have the goods ready by mid-August, we would not be able to have them shipped as then shipping space for Sydney up to the end of August has already been booked up.

译文：即使8月中旬我方把货备好，届时也无法装运，因为8月底以前到悉尼的舱位已经订完。

例[4-9]：We would recommend you to accept this offer as soon as possible.

译文：我方建议贵方尽快接受该报价。

例[4-10]：Please let us know should any of the items be of interest to you.

译文：如果有贵方感兴趣的产品，敬请告知。

（二）语气弱化

为了维持买卖双方在友好信任的基础上所建立的贸易伙伴关系以及顺利发展外贸业务，在贸易的洽谈或函电联系中，贸易双方常用各种方法来弱化语气，以达到弱化否定程度、缓和自己的语气、给贸易洽谈留有余地的目的。例如，在句前加上 I'm afraid、I feel regretful、We are not sure、I think 等结构，或者在句中加入 really、quite、always、particularly 等副词，或者在句前或句后加上 please。

例[4-11]：I am afraid that we can't accept your request and reduce the price to that extent.

译文：恐怕我方无法接受贵方的要求，把价格降至那样。

例[4-12]：I am not sure we can conclude a transaction if we still bargain like this.

译文：恐怕再这样讨价还价，很难成交。

例[4-13]：Desirous as we are to expand our business with you, we feel regretful that we can't accept your counter-offer.

译文：虽然我方很乐意与贵方发展业务，但是很遗憾我方无法接受贵方的还盘。

例[4-14]：You haven't always paid your accounts promptly on the set date.

译文：你方并不总是在规定的日期按时来结清账务。

例[4-15]：We are not quite satisfied with the quality of the goods in this shipment.

译文：我方对这批运货的质量不太满意。

例 [4-16]：We don't particularly like the color of your men's shirts.

译文：我方对贵方男式衬衫的颜色不是很喜欢。

例 [4-17]：Much as we would like to cooperate with you in expanding sales，we are regretful that we just cannot see our way clear to entertain your counter-offer as the price we quoted is quite realistic.

译文：尽管我方希望与贵方合作以扩大销售，但很遗憾，我方没有办法满足贵方的还盘，因为我们的报价相当合理。

例 [4-18]：Please don't forget to stencil the shipping marks on the outer packing.

译文：请别忘记在外包装上印上运输标记。

三、句式结构

无论是合同、协议、贸易单证，还是商业信函中的外贸英语，均以独立完整的句子为主。此类句子较长而且结构复杂，每句话都表达一个完整的意思，且句子之间很少有关联词；以陈述句居多，偶尔使用疑问句和祈使句；时态上，多用一般现在时、将来时与过去时，偶尔也运用过去完成时与现在完成时。具体来说，不同用途的外贸英语，其句式也呈现出各自不同的特点。

（一）外贸英语信函的句式特点

由于外贸信函涉及询盘、发盘、还盘和接受等环节，使得各环节的信函内容十分相似，也逐渐形成了固定的句型结构。

例 [4-19]：We would like to assure you again that the goods we offer are of superb quality at a reasonable price.

分析：除了例 [4-19] 中的 "We would like to..." 句型常见外，其他句型如 "We would appreciated if you could.../Were are looking forward to your early reply." 等也成了外贸信函的固定表达。

另外，在外贸英语信函中，短句的运用也十分常见。

例 [4-20]：Your immediate confirmation of your offer is appreciated.

例 [4-21]：Though the price is acceptable，the package needs improving.

分析：可以看到例 [4-20] 和例 [4-21] 句型短小简练，不但能准确表达来信者的意图，还能节约收信人的阅读时间，非常符合信函用来磋商和促成交易的目的。

（二）外贸英语合同的句式特点

在频繁的外贸活动中，合同的修订已经形成固定的格式，其句式也形成了专有的特点。如外贸英语合同中的条款众多，往往使用短语来代替句子。

例 [4-22]：Insurance：To be effected by buyers for 110% of full invoice value.

另外，合同英语中的句子往往遵循固定的表达顺序，将较长的定语置于名词之后以使整个句子保持平衡。

例 [4-23]：We have taken out cover in this sum of $1 800 for all the risks mentioned in your letter dated February 27.

分析：例 [4-23] 中 "take out" 的宾语 "cover" 有一长串的修饰语都进行了后置，避免了头重脚轻。

（三）外贸英语单据的句式特点

因为外贸单证详细地罗列了交易双方的合作条款，包含的信息较多，为全面完整地表达相关信息，外贸英语单据（如海运提单、保险单和信用证等）中往往出现较多的长句。

例 [4-24]：We accept the quotation of insurance premium of 5% by the People's Insurance Company of China，and request you for arrangement to cover insurance WPA with you on the delivery of 500M/T fertilizer to New York，America.

分析：例 [4-24] 的长句主干为 "We accept the quotation of insurance premium and request you for arrangement to cover insurance WPA."，但是为了将所涉及的细节解释清楚，以免在执行保险条款时产生分歧，故通过添加定语和状语的方式将保险人、具体的保险费率、保险标的物以及货运目的地都在一句话中表达清楚了。

上述特征在某种程度上规定了外贸英语的句法框架，使得外贸英语最大程度上做到简明精确地表达，也在一定程度上形成了翻译的套语，减少了译者误译的机会。

四、英汉翻译中的句型结构调整

因为英语中会使用大量的关系词，包括关系代词、关系副词、连接代词、连接副词和介词及介词词组等，所以关系词经常被用来进行英语造句。在写英语句子的时候，首先应该做的就是将主谓结构框架构造出来，接着可以使用关系词将各种有关的语义成分黏附到此框架上。而汉语中介词贫乏，没有分词，因此句中多使用动词。汉语的造句手法倾向于突出动词，并按照各动作实际上或逻辑上的时间顺序来安排各动词在句中的先后位置。由此可见，英语句子的语义结构以关系词为中心，造句按照英语语法规则，语序的前后次序灵活，但语法关系严密；而汉语句子的语义结构以动词为中心，按照逻辑顺序和时间顺序来排列句子的结构成分，因此汉语句子的语序比较固定。

由于英语和汉语具有不同的句型特征，英语句子汉译时，不能局限于英语的句型结构，而应根据汉语的句型特点进行句子结构的调整，主要包括将英语中的关系词结构转化为汉语中的动词结构，以突出汉语句子强调动词的特点，进而对译文的语序做出相应的调整。

例 [4-25]：It is our hope that you will consider granting us the exclusive selling right for your portable cassette recorders after knowing our sales ability.

译文：希望贵方在了解我方的销售能力后，能考虑给予我方手提式盒式录音机的独家销售权。

例 [4-26]：All our offers are to be held in force for ten days after the time of dispatch unless stated to the contrary of fax.

译文：除非传真中注明情况有异，否则本公司所有的报价在报出后 10 天内有效。

例 [4-27]：The goods are to be repacked at Bombay, as we have been informed, and the charges for special packing are excluded from our price.

译文：一切如接到的指示，这批货物将在孟买重新包装，而再包装费没有计算在我方的价格里。

例 [4-28]：We are enclosing a blank form of our S/C, and hope that you will confirm your agreement to the general terms and conditions in it.

译文：现附寄本公司的空白销售确认书，希望贵方能同意其中的条款，并予以确认。

分析：例 [4-25] 是一句典型的复合句，句中不仅含有主语从句还带有介词短语；不难发现，例 [4-26] 的中心是主语从句，陈述"我方想要贵方手提式盒式录音机的独家销售权"，"after"短语引出时间状语，这样的语义表达方式与汉语完全不同；汉语一般先交代时间，然后说明具体的事情，因此在翻译时需进行以下调整："hope"转译成动词，"after"短语先翻译，然后交代句子的中心。英语原文先陈述了结果而把时间和条件分别放在后面，而汉语习惯按照逻辑顺序构建句子结构，因此在译文中，条件在前，然后是时间，随后是结果。例 [4-27] 中的"as"从句是非限定性定语从句，放在主句的后面，但汉语中却没有这样的表达习惯，因此"as"从句在译文中被处理为状语；而汉语往往将状语提前至句首，因此将 "as" 从句先译，再译主句。例 [4-28] 的译文将原文中的 "agreement" 翻译为动词，同时突出了动词 "确认"。

第二节　外贸英语句式的翻译技巧

一、外贸英语句式的翻译方法

（一）顺序法

在外贸英语语篇中，长而复杂的句子屡见不鲜，其中相当多的复句表达的事实或行为是按照时间顺序或逻辑顺序排列的。顺序法一般适用于英语句子的逻辑顺序和表达方式与汉语类似的情况，即在译句中把原文的句子结构完整保留下来或只稍加改变。试观察以下例句。

例 [4-29]：In these cases, it is of vital importance, when using EDI messages, to ensure that the buyer has the same legal position as he would have obtained if he had received a bill of lading from the seller.

译文：在这种情况下，使用电子资料交换单证，确保买方具有如同他收到卖方提单一样的法律地位是至关重要的。

例 [4-30]：We have been doing business with you for many years and hope that you will quote us your rock-bottom price against our enquiries；otherwise, we'll have no choice but to place our order elsewhere.

译文：我方与贵方已有多年的业务关系，希望对我方的询价报最低价，否则我方只能到别处订货。

例 [4-31]：Raw materials like virgin non-ferrous metals, and some items of produce, such as cotton, vegetable oil and wheat, can be accurately graded, and the grades remain the same, year in, year out.

译文：某些原料如纯有色金属，以及棉花、植物油、小麦这类农产品能够精确地划分等级，而且等级标准年年保持不变。

例 [4-32]：Please work on our order without delay and advise us a few days prior to its completion, so that we may send you our shipping instruction in good time.

译文：请尽快备妥本公司的订货，并在备妥前几天通知本公司，以便我们能及时告知装船要求。

例 [4-33]：Where a CT document is issued in non-negotiable form，it shall indicate a named consignee.

译文：如果联运提单是以不可转让方式签发的，提单应指明记名的收货人。

例 [4-34]：The convention governs only the formation of the contract of sale and the rights and obligations of the seller and the buyer arising from such a contract.

译文：本公约只适用于销售合同的订立以及买卖双方因此类合同而产生的权利和义务。

例 [4-35]：As you have not fulfilled your obligation on delivery of the order，we hasten to advise you that we are compelled to cancel the order.

译文：因为贵方未能履行交货义务，我方即刻通知贵方，我方不得不取消这张订单。

以上例句的译文基本按照原句的顺序翻译，与原句结构相比，译句结构没有大的调整。因此，如果原句叙述层次与汉语接近，可以采用顺序法翻译。

（二）逆序法

在使用英语和汉语进行表达的时候，其表达的次序存在着比较大的差别，也就是说，英语中一些句子的表达顺序不符合汉语表达的习惯，甚至全然不同。如果遇到这种情况，在进行翻译的时候，就需要采用与原句相反的顺序。外贸英语语篇长句多，短语少，与汉语表达顺序存在差异的长句处处可见，因此，逆序法也是常用的翻译技巧。逆序法适用以下两种情况：主句在前，状语从句在后；短语较多且原句叙述层次与汉语相差较大。请看以下实例。

例 [4-36]：We would appreciate it very much if you could give serious thoughts to our request for increasing the quantity up to 30000 tons.

译文：如果贵方能认真考虑我方的要求，将数量增至 3 万吨，我方将不胜感激。

例 [4-37]：No foreign enterprise is allowed to start business activities in the nature of those of a resident office before such an approval is granted and the registration procedure completed.

译文：外国企业未经批准登记的，不得开展常驻业务活动。

例 [4-38]：Your early decision is necessary as our factory is now being run at full capacity to meet the heavy demands abroad.

译文：为了满足国外巨大的需求，本工厂现已全面开工，所以需要贵方早做决定。

例 [4-39]: Please effect marine insurance of War Risk, in addition to All Risks, for the amount of US $5 000 on our order No.506, as we have instructed in our fax.

译文: 请依照传真, 除了全险之外, 还请为我方编号为 506 的订货, 投保总价为 5 000 美元的海上战争险。

例 [4-40]: Those goods shall be delivered soon after all necessary documents are submitted to the seller.

译文: 在一切必要的单据提交给卖方之后, 这些货物将立即运送。

例 [4-41]: The airway bill is the document that assures the delivery of our air freight and we will honor it if you attach it to all of the shipping documents together with a sight draft.

译文: 空运提单可以用来确定本公司的空运货品确实交寄, 如果贵方能将其与所有装运文件和即期汇票附在一起, 本公司将给予承兑。

例 [4-42]: As to your quarterly payment, money is coming rather slowly despite our maximum effort, so we are compelled to ask you for another 10 days' extension for payment.

译文: 关于贵方的季度货款, 尽管我方已经竭尽全力, 但进账仍十分缓慢, 因此, 我方不得不请求贵方给予 10 天时间的延期付款。

例 [4-43]: We would like to pay your money back and take the goods if you find the goods unsatisfactory after the inspection of the delivery.

译文: 如果贵方在验货后, 对货物的质量不满意, 我方将收回货物, 退回货款。

（三）分句法

分句法指将原句拆散, 变更原句的顺序, 然后按照汉语的句子结构和表达习惯, 将原句的一个句子拆译成两个或两个以上的句子。由于外贸英语语篇中长句和复句多, 长句和复句中包含的从句和短语多, 因此在汉译时, 可将从句、短语或并列成分分离出来, 让其独自组成句子, 以此来对句子的主要成分加以说明。

第一种, 把原句进行拆分, 译成两个或两个以上的句子, 具体示例如下。

例 [4-44]: To meet this important client's request for moving up the time of delivery, we have made a special arrangement and we are now pleased to inform you that the full quantity of your order will be shipped in the beginning of July.

译文：为了满足这位重要客户提前交货的要求，我方做了特殊安排。现欣然通知，贵方的全部订货将在 7 月初交运。

分析：原句是并列句，表达了两层含义，而汉语习惯用一个短句表达一层意思，因此把原句拆译成两个句子，体现出了汉语的表达习惯。

例 [4-45]：We stressed the necessity of shipping our order so that it may reach here by August 30, but we haven't received any shipping advice since September 20.

译文：本公司曾强调，订货必须在 8 月 30 日前运抵此地。但是本公司直到 9 月 20 日还未收到装船通知。

分析：原句是并列复合句，前后两句是转折关系，表达了两层含义，因此将原句拆译成两句更能体现出转折关系，更符合汉语的表达习惯。

例 [4-46]：We have asked the Bank of China here to open a credit for US $50 000 in your favor and this will remain in force until April 30, 2006.

译文：本公司已经要求此地的中国银行开立一张信用证，以贵方为受益人，金额为 5 万美元。该信用证的有效期到 2006 年 4 月 30 日。

分析：原句是并列句，但很明显，前半部分是整句的主体，而后半部分是对前半部分的补充说明；译文拆译成两句，不仅能突出原句的中心意思，同时也使译文的层次非常分明。

例 [4-47]：We have forwarded the catalogs and drawings you sent us to some large manufacturers and now have an affirmative answer from a factory in Hong Kong.

译文：我方已将贵公司寄来的目录和图纸转交几家大厂。现已接到香港一家工厂愿意承办的答复。

例 [4-48]：The buyer has to rely on the manufacturer's reputation, and if he is a stockist, he will have to purchase and finance stocks on which he may not get his money back for a long time.

译文：买方不得不依靠厂商的信誉行事。如果买方是进货后贮存待销，则购货及贮存所运用的资金有可能在长时期内无法收回。

例 [4-49]：We usually adopt a draft at sight under irrevocable L/C as payment terms, but in this instance, we will specially accept a draft at 30 d/s under D/A.

译文：本公司通常接受以不可撤销信用证项下开立的即期汇票作为付款条件。然而这次本公司将特别接受 30 天付款的承兑交单汇票。

第二种，将原句中的短语或从句译成独立的句子，从而将原句译为两个或两个以上的句子，具体示例如下。

例 [4-50]：Finally, more as a last hope than with any real confidence in a result, a temporary arbitration organization was formed to try to reconcile the disputes and differences between the employers and the contractors.

译文：最后，成立了一个临时仲裁机构，试图调解业主与承包商之间的争论和分歧。这是最后一点希望，其实大家对其结果并无真正信心。

例 [4-51]：We are disappointed at the buyer's disregard for proper international trade rules.

译文：买家无视正当的国际贸易法规，对此我方非常失望。

例 [4-52]：As a matter of fact, we are very satisfied with the amount of business which you have brought us in the past two years.

译文：事实上，贵公司在过去的两年中给予本公司相当多的业务，本公司非常满意。

例 [4-53]：After going carefully into the price again, we decided to make a further concession of 2 dollars per yard, in the hope that this would lead to an increase in business between us.

译文：本公司再次认真研究价格后，决定每码再减两美元。此举的目的是希望我们之间的业务量能有所增加。

例 [4-54]：In order to facilitate business in consideration of the present monetary stringency, the corporation, on behalf of which I am studying this proposition, is willing to base transaction on trade by barter and would import any articles which you would ship to the United States.

译文：最近银根很紧，为谋求达成交易，本人代表公司正在研究如何做成这笔交易。我们希望以易货贸易为基础，进口贵方能运到美国的任何商品。

例 [4-55]：We are sending you our Sales Confirmation No.789 in duplicate, one copy of which please sign and return for our file.

译文: 现寄上第789号销售确认书一式两份。请签署一份并返还供我方存档。

例 [4-56]：With reference to our order No.315 executed by you, we have to inform you that owing to negligent packing, several cameras were damaged to such an extent that we were compelled to dispose of them at a greatly reduced price.

译文：关于我方第315号订单的执行情况，现不得不通知贵方，由于包装马虎，好几架照相机损坏严重。因此，我方只能大减价处理。

例 [4-57]：Last Thursday, when we were discussing the problems of defective containers，you suggested that I simply mail you a report each month on the number of return by customers rather than send the defective containers to you.

译文：上周四，我们讨论了次品集装箱问题。你建议我只需把客户每月退回的次品集装箱的数量写个报告给你，而无须直接退集装箱。

分析：以上 8 个例句在翻译时都将原文中的短语或从句译成了句子，以使译文的含义明确。例 [4-50] 的译文把原句的短语拆开作为补充，使译文的中心更加突出，主题思想一目了然。例 [4-51] 中的介词短语暗示了为何"我方失望"的原因，把介词短语翻译成一个完整的句子，能够说明前后的逻辑关系，符合汉语的表达习惯。例 [4-52] 中的介词短语比较长，表达了"本公司满意"的原因，把介词短语翻译成一个完整的句子符合汉语的表达习惯和造句特征，能更好地说明句子前后的逻辑关系。例 [4-54] 的译文把原句拆开，译成两个汉语句，并将并列连词"and"前面的短语"以易货贸易为基础"调整到第二个汉语句中，使译文准确流畅；原句的最后部分是一个结论性分句，拆成两个句子后，可以使译文的层次分明、含义清楚。例 [4-55] 中的关系代词"which"引出的非限制性定语从句拆译成句，作为补充说明，让译文变得更加流畅，增强了译文的逻辑性。原句体现了英语重形合、表意依赖形式完整的特点，而译文则显示了汉语重意合、形式上自由度较高的表达习惯。例 [4-56] 中的"that"从句是结果状语从句，表示所产生的结果；由于主句本身已带有前置状语，如果直译成一句，那么译文就会被拉得很长，包含的意思过多，读起来不顺畅，不符合汉语惯用短句表达一层含义的特点；如果将结果状语从句拆译成句，就能使译文的层次分明、逻辑清晰。例 [4-57] 中的 "when" 从句是时间状语从句，但是如果直译，则译文过长，不符合汉语的表达习惯，而且原句并不强调 "when" 引出的时间；如果将时间状语从句拆译成句，那么译文的含义和层次就会更加明确。

（四）合句法

合句法是指把内容结合紧密的英语并列句、复合句或两个及两个以上的简单句翻译为一句汉语单句或复句。

第一种，将原文中两个及两个以上的简单句译为一个单句或复句，具体示例如下。

例 [4-58]：We received your e-mail of September 6，2006. In your e-mail，you enquired about purchasing 10 lap-top computers.

译文：从贵方 9 月 6 日发出的电子邮件获悉，贵方拟购置 10 台笔记本电脑。

例 [4-59]：An offer is a promise to supply goods on the terms and conditions stated. It must be made and accepted before a contract can exist.

译文：发盘就是按照所述条件供货的一种承诺，要在订立合同前提出与接受。

例 [4-60]：Your letter reached us late. We must apologize for the delay in replying to you.

译文：贵方的来信晚到了，迟复甚歉。

第二种，将原文的并列句译成一个汉语单句或复句，具体示例如下。

例 [4-61]：We wish we could lower our prices， but， unfortunately， we cannot do so.

译文：我们也希望能降价，但很遗憾，实在无能为力。

例 [4-62]：All crates are to be marked as usual， but please number them consecutively from No. 1 to No. 10.

译文：所有板条箱必须照旧加以标示，但请将号码从 1 到 10 号连贯。

例 [4-63]：The prices stated in this invoice are the current export market prices for the goods described therein and these prices are true and correct.

译文：本发票所列的价格为其所述货物的现行出口市价，而且是完全正确的。

例 [4-64]：All banking charges outside China are for applicant's account but they must be claimed at the time of presentation of shipping documents.

译文：中国境外一切银行费用都由开证申请人承担，但必须在提交装运单据时索付。

第三种，将原文复合句译成一个汉语单句或复句，具体如示例如下。

例 [4-65]：Provided we receive your order by 30 October， we make you a firm order for delivery by the middle of November at the prices quoted.

译文：现按所列价格，报供 11 月中旬交货的订单，以 10 月 30 日前收到贵方的订单为准。

例 [4-66]：As we are in the market for the goods mentioned above， we should be pleased if you would send us your best quotations.

译文：因为本公司正在寻购上述货物，若贵公司能寄送最优惠的报价，我方将非常高兴。

例 [4-67]：Claims， if there is any， must be filed within 30 days after the arrival of the goods at the port of destination.

译文：如有索赔必须在货物抵达港口后 30 天内提出。

例 [4-68]：The airway bill is the document that assures the delivery of our air freight.

译文：空运提单可用于确定本公司的空运货物确实交寄。

以上介绍了四种常用的句子翻译方法。不过，在外贸英语句子翻译中，并不一定总是采用一种方法。如果有的长句、难句运用上述任何一种译法都不能得到令人满意的译文，就应该灵活采用四种译法，按照汉语的造句特征、逻辑顺序和表达习惯，对句子进行综合处理，准确地传达原句的含义，具体如下例所示。

例 [4-69]：I would like to point out，however，that our contract does state quite clearly that in the event of unforeseen circumstances，we cannot be held liable if we are unable to meet agreed delivery dates.

译文：然而，我想要指出的是，我们双方在合同中已经明确说明，如果由于不可预见的因素让我方无法按照合同规定的期限交货，我方不负任何法律责任。

分析：例 [4-69] 是一个带有宾语从句的复合句，这个宾语从句中又包含另一个宾语从句，而后面一个宾语从句又套着一个条件状语从句。在译句中，主句与第一个宾语从句断开，第一个宾语从句和第二个宾语从句之间用逗号隔开，而对后一个宾语从句中的条件状语从句做了前置处理。整个长句的翻译综合运用了分句法和逆序法。

二、名词性从句的使用与翻译

英语的名词性从句包括主语从句、宾语从句、表语从句和同位语从句。在外贸英语语篇中，名词性从句比比皆是。在翻译这类从句的过程中，大多数可按照原句的句序翻译，其重点在于分清主从句，辨明它们之间的关系。

（一）主语从句的翻译

外贸英语中的主语从句主要可分为两类，以 what 和 whatever 等代词引导的主语从句和由形式主语 it 引出的主语从句，两者有着不同的译法。

1. 以 what 或 whatever 等代词引导的主语从句

此类从句通常可按原句的顺序翻译。

例 [4-70]：What really concerns us is when our order is ready for shipment.

译文：真正让我们担心的是我们的订货什么时候可以准备装船。

例 [4-71]：Whatever you say cannot make us reduce our price any further.

译文：不管你们怎么说，我们不能再减价了。

例 [4-72]：What you should pay attention to is that claim must be made within the term of validity stipulated in the contract generally within 30 days after the arrival of the goods at the destination.

译文：必须注意的是，索赔必须在合同规定的有效期内提出（通常是在货到后 30 天内）。

2. 以 it 为形式主语的主语从句

汉译时此类从句通常可采用三种译法：先译主语从句；把主语从句译成主谓结构中的宾语；采用插译法，把主句插到原来的从句中。具体采用哪种译法，应依据原句和其相应的汉语表达习惯而定。

例 [4-73]：From what you say，it is possible that we have made some mistakes in the delivery of the goods meant for you.

译文：根据贵方的来函所述，我方有可能在为贵方备货发运时出现了差错。

例 [4-74]：It has also been observed that in many countries it is difficult for a foreign company to obtain not only the import licence，but also duty relief.

译文：还应注意到，外国公司在许多国家很难获取出口许可证及关税的减免。

例 [4-75]：It is a matter of regret that we do not have a stock of sufficient quantity to supply you at present.

译文：本公司目前存货不足，无法向贵方供货，这真是非常遗憾。

例 [4-76]：It may be well that a buyer would wish to collect the goods at the seller's premises under the terms EXW or to receive the goods alongside a ship under the trade terms FAS，but would like the seller to clear the goods for export.

译文：买方希望按照 EXW（工厂交货）条件，在卖方地点领取货物，或者按照 FAS（船边交货）条件，在船边领取货物，但希望卖方为出口货物结关。

（二）宾语从句的翻译

宾语从句汉译时通常可按原句的顺序翻译。

例 [4-77]：We presume that your order will be a considerable quantity so we quote our lowest possible prices.

译文：我方认为贵方的订单数量会相当大，因此我方将尽可能以最低价报价。

例 [4-78]：On investigation we have found that the goods were in perfect condition when leaving our shipping department.

译文：我方经调查发现，货物在运离货运部时，情况完好。

例 [4-79]：We are pleased to inform you that your order has been packed as requested and shipped per M/S Wilson leaving here September 15.

译文：很高兴通知贵方，贵方的订货已经按照要求包装妥当，并由 9 月 15 号离港的威尔逊号运送。

例 [4-80]：All letters ordering merchandise should give explicit information in order to get what is being ordered.

译文：为确保得到所订购的货物，所有订货信件都要求精确清楚。

例 [4-81]：Please let us know when we may expect delivery of your products ordered three weeks ago.

译文：请告知，我方三周前订购的产品何时能送到。

例 [4-82]：Since we haven't received your e-mail，we take it for granted that you have already collected your goods.

译文：因为没有收到贵方的电子邮件，我方当然认为贵方已经领取了货物。

（三）表语从句的翻译

表语从句和宾语从句一样，通常按照原句顺序翻译。

例 [4-83]：In foreign trade，as in home trade， the goods sold have to be forwarded from one place to another. That is what we call "shipment".

译文：与国内贸易一样，国际贸易中也同样需要把售出的货物从一个地方运送到另一个地方，这就是所谓的"装运"。

例 [4-84]：The question is whether the goods are to be repacked at Bangkok since the charges for special packing are excluded from our price.

译文：问题是这批货物是否要在曼谷重新包装，因为这项再包装费没有包含在我方的价格里。

例 [4-85]：We have received your goods covering our order of June 20. However，we have found it contains completely different articles. That is why we request you arrange for dispatch of replacements at once.

译文：我方已经收到 6 月 20 日订购的货物，但是发现里面装的是截然不同的货品，因此要求贵方立刻安排运送替换品。

例 [4-86]：The following points are what a complaint or claim letter very often contains.

译文：以下要点常常包含在投诉或者索赔信件中。

（四）同位语从句的翻译

外贸英语中的同位语从句可以有两种译法：先译同位语从句，再译先行词；如果同位语从句的先行词具有动词意义，则可通过词性转译，译成动词，把同位语从句译成主谓结构中的宾语。

例 [4-87]：We give no indication that we are willing to accept the price you have offered.

译文：我方没有表示愿意接受贵方的报价。

例 [4-88]：L/C resolves the contradiction that both the importer and the exporter do not trust each other and avoids meeting any possible risks in doing business.

译文：信用证解决了进出口双方互不信任的矛盾，避免了在完成交易的过程中可能遇到的某些风险。

分析：例 [4-87] 中同位语从句的先行词 "indication" 转译成了动词 "表示"，因此同位语从句相应地译成了主谓结构，作 "表示" 的宾语。例 [4-88] 中的同位语从句提前先译，再翻译先行词，这样符合汉语的表达习惯。

例 [4-89]：But we can hardly overlook the fact that your payments have been delayed so frequently.

译文：但是我方无法漠视贵方经常延期付款的事实。

例 [4-90]：We have received the information that your ordered goods were damaged during transportation.

译文：我方接到贵方通知，得知贵方的订货在运输途中遭受损坏。

例 [4-91]：We are pleased to offer this stock at the special price to all of our customers with the hope that we may be able to develop some business.

译文：我方乐意将这批库存的特别报价提供给所有客户，希望能做成一些交易。

三、状语从句的使用与翻译

状语从句在英语中的位置与在汉语中的位置是不一样的，在英语中其最常见的位置就是处于宾语后，通常是句尾，也就是 "主 + 谓 + 宾 + 状"，可有些时候其也会处于句首；其在汉语中所处的位置相对来说是固定的，一般就是处于主语与谓语之间，也就是"主＋状＋谓＋宾"，有些时候为了表示强调，状语的位置也可以处于主语的前面。所以，在进行英译汉翻译的过程中，译者要遵循汉语的表达习惯，进行语序的调整，不能过分受制于原文的语序和结构。

（一）按原语序翻译

例 [4-92]：If you find the quality of our products unsatisfactory，we're prepared to accept return of the rejected material within a week.

译文：如果贵方对产品质量不满意，我们将在一星期内接受退货。

分析：译文中条件状语从句置于句首，与原文顺序一致。

例 [4-93]：In case her age exceeds 15 years，the extra average insurance premium thus incurred shall be borne by the seller.

译文：若其年龄超过 15 岁，则由卖方承担因此产生的平均保险费以外的费用。

例 [4-94]：Electricity is such a part of our daily life and so much taken for granted nowadays that we rarely think twice when we switch on the light or turn on the radio.

译文：电已成为我们日常生活中如此寻常的一部分，而且现在人们认为电是想当然的事，所以我们在开电灯或开收音机时，就很少再去想一想电是怎么来的。

例 [4-95]：We will personally deliver and install your office furniture for you so your project is done correctly，on-time and on-budget.

译文：我方将上门为贵方办公家具送货并且安装，以便贵方项目顺利地按时在预算金额内完成。

（二）转换语序

例 [4-96]：You may also need resumes and appropriate cover letters if you decide to send out unsolicited applications to the companies you have discovered in your initial search.

译文：你如果决定向那些首次搜寻中所发现的公司主动投寄求职信的话，也许还需要简历和相应的自荐信。

分析：在这句话中，"if"引导条件状语从句，译文将条件状语从句前置到主谓语之间。

例 [4-97]：The Purchaser agrees to complete all operations on each zone before beginning cutting in the next portion or zone.

译文：买方同意在开始下一地区砍伐前完成该地区所有操作。

例 [4-98]：Therefore，although technical advances in food production and processing will perhaps be needed to ensure food availability，meeting food needs will depend much more on equalizing economic power among the various segments of populations within the developing countries themselves.

译文：因此，尽管也许需要粮食生产和加工方面的技术进步来确保粮食的供给，但是慢速粮食需求更多的是取决于使发展中国家内部的人口各阶层具有同等的经济实力。

例 [4-99]：The policies open to developing countries are more limited than for industrialized nations because the proper economies respond less to changing conditions and administrative control.

译文：由于贫穷国家的经济对形势变化的适应能力差一些，政府对这种经济的控制作用也小一些，所以发展中国家所能采取的政策比起工业化国家来就更有局限性。

四、定语从句的使用与翻译

定语从句在外贸英语函电及合同条款中屡见不鲜。英语中的定语从句通常置于被修饰词之后。后置从句与被修饰词的关系是锁链式的限定关系，即由后向前，一层限定一层。由于汉语中的定语多为前置定语，若将定语从句按照汉语结构习惯，一律译成前置定语，往往会出现定语部分过长、译文翻译味道过重、不易读懂，甚至会引起歧义等问题。因此，定语从句的翻译应根据原句的含义，重新调整译文的语序。译者在翻译外贸英语中的定语时，应对原文的深层含义及逻辑关系进行剖析，并能识别隐含具有状语职能的定语从句，灵活运用定语从句的翻译技巧，这样才能忠实地表达出原文的内容。

（一）前置法

一般说来，大多数的限制性定语从句都可以采用前置法，译成"的"字结构，即定语从句和它所修饰的先行词不拆开来译，这样能使译文逻辑结构严谨。在外贸翻译实践中，笔者发现前置法比较适合翻译结构和意义较为简单的限制性定语从句，而一些较短的能够起到描述作用的非限制性定语从句也能够使用前置法，但是不像限制性定语从句使用得那么广泛。

例 [4-100]：Subsequent to the despatch of an offer by telegram，often but not always a letter of confirmation is followed to avoid errors that may possibly occur in transmission.

译文：电报报盘发出后，常常（并非总是）随之发一封确认信，以避免传送过程中可能出现的差错。

例 [4-101]：Please let us know your premium at which you can take the insurance of AAR on these goods.

译文：请告知我方，贵方这些货物投保全险的保费是多少。

例 [4-102]：The airway bill is the document that assures the delivery of our air freight.

译文：空运提单是确定本公司空运货品确实交寄的文件。

例 [4-103]：We have to refuse to take delivery of your goods for the reason that they are quite different from the sample on which we made our order.

译文：我方必须拒绝贵方的交货，因为它们和我方下订单的样品相差太大。

例 [4-104]：When there is a particular average loss，other interests in the voyage，such the carrier and other cargo owners whose goods were not damaged，do not contribute to the partial recovery of the one who suffered the loss.

译文：发生单独海损时，运输中的其他相关方，例如承运人和货物没有损失的船主，不必分担受损一方的那部分补偿费用。

有的时候定语从句不会很短，可其跟主句之间的联系非常紧密，如果在翻译的时候使用前置法，译文就能变得非常通顺。在这种情况下，仍应采用前置法翻译。具体如下例所示。

例 [4-105]：The damages cannot exceed the loss which the party in breach foresaw or ought to have foreseen at the time of the conclusion of the contract.

译文：赔偿金不能超过违约方在订立合同时对违约所预料到的或理应预料到的损失。

（二）后置法

当从句较长，结构复杂，或者如果译成汉语的前置定语不符合汉语习惯时，常常采用后置的方法，译成并列分句，重复或者省略关系代词所代表的含义，有时还可以完全脱离主句而独立成句。

例 [4-106]：Afterwards，another price increase took place in May 2006，which was officially announced to you in our e-mail of 15 May which accompanied a new price list.

译文：此后，在 2006 年 5 月又有另一次提价，这次提价在我方 5 月 15 日的电子邮件中已经正式向贵方宣布，在该邮件中还附有一份新的价目表。

例 [4-107]：Thank you for your inquiry of July 20, against which we have faxed our firm offer at the price of a 100000 CIF Sydney on a draft at sight under irrevocable L/C subject to your reply reaching us by September 20.

译文：感谢贵公司 7 月 20 日的询价。我方已经发出传真确定报价，CIF 悉尼的价格是 100000 澳元，以不可撤销信用证开立，但以贵公司的答复于 9 月 20 日前达到为条件。

分析：例[4-106]带有两个定语从句，第一个是非限定性定语从句修饰"price increase"，而第二个是限定性定语从句修饰"our e-mail"，译文中用后置法把两个定语从句都翻译成了并列分句，这样处理非常恰当；若把第二个定语从句前置，译成"这次提价在我方 5 月 15 日附有一份新价目表的电子邮件中已经正式向贵方宣布"，译文就显得生硬。例 [4-107] 虽然只带有一个非限定性定语从句修饰"your inquiry"，但该从句较长，包含了多层含义，而且与主句的关系并不密切，可以说是对主句的补充而非修饰。在汉译时，应采用后置法，将几层含义分别用分句译出，以符合汉语的表达习惯。其他的例子如下所示。

例 [4-108]：It shall be the duty of the seller to procure, at his cost, a contract of carriage that is reasonable having regard to the nature of the goods and the terms current on the contemplated route or in the particular trade.

译文：卖方有责任自负费用订妥运输合同，该项合同从货物的性质、预定航线或特定行业的先行条款来看应是合理的。

例 [4-109]：The seller shall get the signed B/L from the forwarding agent, a copy of which will be sent to the buyer by airmail.

译文：卖方应向装运代理人领取签署的提单，并将其中的一份航寄买方。

（三）融合法

融合法就是将主句的先行词和定语从句顺译成一个句子。在外贸英语翻译中，可以采取融合法把定语从句翻译成译文句子的谓语或者并列谓语，从而让译文句子的结构变得更加严密与简练，让外贸语篇本身应该具有的简洁、具体的特点能够体现出来。

例 [4-110]：In case no amicable settlement can be reached between the two parties, the case in dispute shall be submitted to arbitration which shall be held in the country where the defendant resides.

译文：若双方不能达成谅解，争议可提交被告所在国进行仲裁。

例 [4-111]：Now there are some difficulties which make it impossible for us to make any headway with your offer.

译文：目前有不少困难使我方对贵方的报盘无法取得任何进展。

分析：例 [4-110] 是带有两个定语从句的主从复合句，运用融合法进行翻译，将原本复杂的句子翻译为了一个比较简单的句子，让句子结构变得更加简单和严密。例 [4-111] 是"there be"结构带有定语从句，对于这类句子的处理，通常采用融合法，以使译文符合汉语的表达习惯和句子结构。

例 [4-112]：The investments or conditions for cooperation provided by the Chinese and foreign parties shall be verified by an accountant registered in China or the relevant authorities，who shall provide a certificate after verification.

译文：中外合作者提供的投资或者合作条件，应由中国注册会计师或者有关机构验证并出具证明。

例 [4-113]：For a stock，it is an ownership certificate，which means that the buyer has become one of the members in possession of the corporation's properties.

译文：股票是一种所有权凭证，证明股票购买人已经成为拥有公司财产者的一分子。

例 [4-114]：If the seller should have to pay any unpaid freight which may be due to the carrier because tender of the documents is unavoidably made after the arrival of the goods，he may recover the amount thereof from the buyer.

译文：如果由于单据不可避免地在货物运抵后才能提供，卖方因此不得不向承运人支付尚未支付的运费，卖方可向买方索取这一款项。

（四）译为状语从句

外贸英语中有这样一类定语从句，它们对先行词的限制修饰作用较弱而起着状语的作用。对其进行翻译的时候，应该认真地对主句与从句之间存在的逻辑关系进行分析，应该擅长寻找隐藏在语意上、逻辑上的内在联系，将隐藏着的意思翻译出来，把具有各种状语职能的定语从句转译成相应的时间、条件、原因、让步、目的和结果等状语从句。

例 [4-115]：The buyer agrees to buy from the seller and the seller agrees to sell to the buyer equipment，materials design and technical documentations，license and know-how and technical services for a plant with a 54000 kW phosphorus electric furnace which has a production capacity of 30000 tons of yellow phosphorus per year and 70000 tons of sodium tripolyphosphate per year with phosphate rock as raw material using the process stipulated in Article 10.1 to the contract.

译文：买方同意向卖方购买，卖方同意向买方出售拥有 54000 千瓦黄磷电炉一座的工厂所需要的设备、材料设计以及技术文件、专利使用权、专利技术和技术服务，以便使该厂以磷酸盐岩为原料，采用本合同第十条第一款所规定之工艺，使其年生产能力达到黄磷 3 万吨、三聚磷酸钠 7 万吨。

分析：从例 [4-115] 中主句和定语从句的逻辑关系来看，该定语从句隐含目的状语职能，因此在译文中，增加"以便"，把定语从句翻译成了目的状语从句。这样一来既让语言变得更加流畅，使读者对这笔交易成交的货物、目的和年生产能力一目了然，还对原句中的逻辑关系进行了相应的揭示，更忠实地表达了原句的深层含义。

例 [4-116]：As you know, we operate in a highly competitive market in which we have been forced to cut our prices to the minimum.

译文：如贵方所知，我方正处在一个高度竞争的市场，为此我方不得不把价格降至最低限度。（译成结果状语从句）

例 [4-117]：Disputes arising between the parties to a joint venture which the board of directors fails to settle through consultation may be settled through conciliation or arbitration by an arbitrating body of China or through arbitration by an arbitrating body agreed upon by the parties.

译文：合营各方发生纠纷，董事会不能协商解决时，由中国仲裁机构进行调解或仲裁，也可由合营各方协议在其他仲裁机构仲裁。（译成时间状语从句）

例 [4-118]：For any order, the volume of which exceeds \$50 000, we will allow 3% special discount.

译文：如果订单的金额超过 5 万美元，本公司可以给予 3% 的特别折扣。（译成条件状语从句）

例 [4-119]：Our products, which sell at a higher price, are of excellent quality and we believe that the superiority of the products we forwarded to you will induce a larger order.

译文：本公司的产品虽然售价较高，但是质量上乘，因此本公司相信，我们运交的优质产品将使贵方下更大的订单。（译成让步状语从句）

翻译外贸英语中的定语从句究竟是采用前置法、后置法、融合法还是改译成状语从句，通常取决于三个因素：首先，应考虑汉语的句子特征和表达习惯。汉语中的定语常置于名词之前，但不宜过多过长。当然前置定语的长短只是相对的，但应注意译文句子的自然和通顺。其次，看定语从句与主句之间是否具有密切的关系。与主句关系密切的适合采用前置法进行翻译，否则适合采用后置法进行翻译，如非限定性定语从句。最后，在主从句的关系不十分密切的情况下，还应注意定语从句是否具有隐含的状语职能。如果有，那么将定语从句转译为状语从句较为恰当。

五、被动语态的使用与翻译

被动语态是英语中常见的语法现象，表示的是主语与谓语动词的被动关系，即主语为动作的承受者。夸克等人指出，与创造性作品相比，信息型文本中使用被动语态的情况更为常见。信息型文本就是陈述事实的文本，内容涉及科技、商务、工业、经济、新闻等。被动语态是此类文本中一种常见的语言手段，因此，商务英语中被动语态得以广泛应用。此外，被动语态注重所传达信息的准确性和规范性，能突出动作的对象，避免给人主观臆断的感觉，因而能使文本表现得更为客观、正式，语气也更加委婉。

由于恰当使用被动语态可以提升表达效果，突出信息中心，并能体现出叙述的客观、语气的委婉及意义的含蓄，因此被动语态的使用是外贸英语在修辞表达上的一个明显特点，被广泛运用于外贸英语函电和说明书等外贸语篇之中。

（一）译成主动句

通常而言，外贸语篇中的英语被动句有很大一部分无法译成汉语中的被动句，因此在汉译时可以根据上下文和汉语的表达习惯，译成相应的主动句。外贸英语中的被动句译成汉语中的主动句主要有以下几种形式。

1. 原句的主语在译文中仍作主语

例 [4-120]：All items for which we have quoted are made from very best silk.

译文：所报的商品均采用上好丝绸制成。

例 [4-121]：All our prices are quoted CIF to the port of destination.

译文：我方的所有报价都是目的港的到岸价。

例 [4-122]：All payments for the supply of goods under the barter contract shall be settled through the clearing account.

译文：所有易货合同项下供货的支付都应通过清算账户结算。

例 [4-123]：The units ordered were delivered to you on May 16 and payment is due on June 20.

译文：所订货物已于 5 月 16 日运送给贵方。6 月 20 日是付款到期日。

例 [4-124]: Please note each cargo should be wrapped up in oil-paper and packed in a zinc-lined case.

译文: 请注意: 每件货物都必须用油纸包裹, 然后装入用锌皮做衬里的箱子。

2. 原句的主语在译文中作宾语

例 [4-125]: As the date of delivery is approaching, you are requested to expedite the establishment of the L/C.

译文: 因为交货日期临近, 谨请贵方尽快开立信用证。

例 [4-126]: We are following this situation closely and you will be quickly informed as to any change.

译文: 我方正密切注意情况的发展, 若有任何变化, 将很快通知贵方。

例 [4-127]: The markets are influenced by the situation of the stocks but improvements are expected.

译文: 存货情形影响到了市场, 但这样的情形有望得到好转。

例 [4-128]: If the following goods can be supplied, please accept this letter as our order for 200 sets of your goods.

译文: 如果能供应以下商品, 就请接受这封信作为我方订购贵方 200 套产品的订单。

例 [4-129]: Since many orders from our regular customers are rushing in, prompt shipment cannot be guaranteed after the end of March.

译文: 因为本公司长期客户的订单纷至沓来, 3 月底后, 将很难保证即期交货。

3. 译成判断句

例 [4-130]: Of seven items listed in your enquiry, only two are handled by us.
译文: 贵方查询的 7 件商品中, 只有两件是本公司经营的。

例 [4-131]: Our products are made from completely natural ingredients and we do not utilize any artificial additives at all.

译文: 本公司的产品全部是用天然原料制成的, 没有使用任何人工添加剂。

例 [4-132]: The dues are usually calculated on the registered tonnage of the ship.

译文: 吨税通常是以船只的注册吨位计算的。

例 [4-133]: Because our products are mainly bought by students, demand is stable and sales can be predicted in advance.

译文：因为本公司的产品主要是学生购买的，所以需求稳定，销售额可以事先预测。

例 [4-134]：The packing method is normally chosen by the seller，but the packing shall be strong enough to withstand the hazards of ocean transportation.

译文：包装方法按照惯例是卖方选择的，不过包装务必坚固，以应付海运时的危险。

4. 译成无主句

汉语是一种主题突出的语言，主语常在一定的上下文中被省略。而在英语中，动作发出者不清楚时常用被动语态。所以在翻译外贸英语时，碰到上下文对主语有所提示、主语不必提及、主语不言自明或者无生命的名词作主语等情况，应对汉语译文进行适当的调整，经常可以省略译文中的主语，构成无主句。在外贸英语中的被动语态句子汉译时，也可以依照上下文和汉语的表达习惯，将原句译成汉语无主句。

例 [4-135]：According to the stipulations of the said L/C，neither partial shipments nor delay are allowed.

译文：按照上述信用证的规定，不得分批装运或延误。

例 [4-136]：This contract shall be valid on and from the first day of November 1，2006 and any of the articles in this contract shall not be changed and amended unless by mutual written consent.

译文：本合同自 2006 年 11 月 1 日起正式生效。未经双方书面同意，不得变更和修改本合同内的任何条款。

例 [4-137]：As requested，you will be informed of the date of dispatch as soon as shipment is effected.

译文：依照贵方的要求，货物装运后，马上通知贵方运送的日期。

例 [4-138]：Transshipment en route is not allowed without the buyers consent.

译文：未经买方同意，中途不得转船。

例 [4-139]：These cargoes are requested to attach insurance policy to the shipping documents rather than insurance certificate.

译文：要求这些货物在装船文件内附上保险单而不是保险证书。

5. 以 it 作形式主语的被动语态句型的翻译

以 it 作形式主语的被动语态句型，句中不提动作的执行者，句意含蓄，语气委婉。在翻译成汉语时，往往有比较固定的表达方式，有时可以将这种句型处理为无主句，有时可以增加不确定的主语，如"大家……""有人……""我们……"等。

例 [4-140]：It is hoped that with your support we shall be able to explore the possibility of business in some other items.

译文：我方希望，通过贵方的支持，将有可能进行其他商品的交易。

例 [4-141]：It should be mentioned that our market situation is turning for the better at present.

译文：应该提到，目前本公司的市场情况正在好转。

例 [4-142]：It should be recognized that the intent of this agreement is to benefit both the buyer and the seller.

译文：买卖双方应该认识到本协议的目的是让双方都能获益。

例 [4-143]：It is anticipated that the L/C shall be sent to us promptly and immediately on arrival of the L/C, we will pack and ship the goods urgently as requested.

译文：我方期望贵方能尽快寄出信用证。一收到信用证，我方立刻按要求包装并运送这批货物。

例 [4-144]：Owing to the increase of consignments arriving at Dalian port, discharge of the cargo seems to be much delayed, and it is recommended that you change the port of destination.

译文：由于抵达大连港的货物不断增加，卸货可能会受耽搁，因此本公司建议贵方更改目的港。

其他类似的以 it 作形式主语的被动语态句型及常用译法还有：

It is reported that..	据报道……
It is expected that...	大家（我们）希望……
It is considered that...	大家（人们）认为……
It is estimated that...	据估计……
It is suggested that...	我们（有人）建议……
It cannot be denied that...	不可否认……
It must be admitted that...	必须承认……
It must be pointed out that...	必须指出……
It will be seen from this that...	由此可见……

（二）译成被动句

如果英语的被动语态必须加以强调，就应译成汉语的被动表达式，但汉语的被动形式不一定必须使用"被"字句，因为"被"字句的使用在汉语中被认为是很书面化的语言。因此汉语的被动式除了使用"被"字句，译为"被……"以外，还可以从汉语丰富的句式和辅助词语中挑选一些恰当的结构以表现被动意义，例如，翻译为"受……""为……所……""给……""遭……""由……""予以……"等句式。

例 [4-145]：Claims must be made within 30 days after the arrival of the goods at the destination, after which no claims will be entertained.

译文：索赔必须在货物到达目的地后 30 天内提出，逾期将不被受理。

例 [4-146]：The present market is manipulated by the seller and the price of this article is advancing.

译文：目前的市场被卖方操纵，因此这种商品的价格正在上涨。

例 [4-147]：Customs clearance is normally arranged by the party domiciles in the country where such clearance should take place.

译文：按惯例，结关事务由居住在结关国家的一方当事人安排。

例 [4-148]：We have been impressed by your fast delivery service and the excellent quality of the items.

译文：贵方不仅送货非常快，而且产品的品质优良，给我方留下了深刻的印象。

例 [4-149]：We have received information that your ordered goods were damaged during transportation.

译文：本公司获悉，贵方订购的货物在运输途中遭到损坏。

例 [4-150]：Owing to the recent considerable advance in prices of raw materials, the cost of our product has been unfavorably affected.

译文：由于最近原材料价格大幅上涨，本公司产品的成本也受到了不利的影响。

例 [4-151]：The present contract has been signed by representatives of both firms and it is hoped that the shortest delivery time can be guaranteed.

译文：本合同由双方公司的代表签订，买方希望卖方能保证最快的交货时间。

例 [4-152]：It is suggested that this claimed amount should be deducted from the goods value under the next contract.

译文：我方建议，这笔索赔款在下次的合同货款中予以扣除。

（三）英语被动语态的特殊作用及其在翻译中的运用

英语的被动语态具有特殊的文体作用。它一方面具有强调客观事实的作用，因此在科技英语、外贸信函及合同中较为常用；另一方面，它还可突出受事者（动作承受者）的被迫与无奈，应用于申诉函及索赔函中具有特殊的意义，能够表达出词汇手段很难表达的含义。

例 [4-153]：We have been put to considerable inconvenience by the long delay in delivery. We must insist on immediate delivery, otherwise we shall be compelled to cancel the orders in accordance with the stipulations of the contract.

译文：由于交货期长期延误，我们遇到了不少麻烦。我们要求立即交货，否则，我们将不得不按合同规定取消订货。

分析：此例常用于催促交货的信函。全句有两处用了被动语态。第一处的被动语态强调指出了对方（收信人）迟交货物所带来的麻烦，自己是这一事件的被动受害者，虽然具有谴责的含义，却并非锋芒毕露的责难，因而不致引起对方的反感，有利于促成贸易。如果把这句改写成 "You have caused us considerable inconvenience by your long delay of delivering the goods under this contract."，效果则大不相同。第二处的被动语态突出了写信一方行动的被迫性，暗含"我方出于无奈才采取这种行动"之意。这样就把违背合同的责任推卸给了对方。申诉函、索赔函及催运、催开证等信函如果能恰当地运用被动语态，就能更有效地指出对方的责任，阐明自己一方的观点，做到有理、有节、有力地解决贸易过程中所产生的问题。

六、不完整句的使用与翻译

为了表达的简洁，在外贸英语的文本中，常有许多条文以不完整句式出现，其中有名词短语、形容词短语、介词短语以及非谓语形式等。对于这类语言现象，在汉译时，应分清它们之间潜在的逻辑关系，根据汉语的语法规则和表达习惯进行相应的调整和再现。由于外贸英语不完整句省略了谓语动词，而汉语句子的语义结构以动词为中心，因此，不完整句中所使用的形容词短语、介词短语或非谓语形式，在汉译时，应根据上下文，按照词性转译法转译成动词或者按照句子结构变化增加动词。

例 [4-154]：Free in and out.

译文：船方不承担装运与卸货费用。（原句省略了主语和谓语动词）

例 [4-155]：Offer subject to our final confirmation.

译文：报盘以我方最终确认为准。（原句省略了谓语动词）

例 [4-156]：Partial shipments and transshipment allowed.

译文：允许分批装运和转运。（原句省略了谓语动词）

例 [4-157]：Packing at the seller's option.

译文：包装由卖方决定。（原句省略了谓语动词）

例 [4-158]：Quality to be about equal to type sample.

译文：商品质量应与标准样品基本一致。（原句省略了谓语动词）

例 [4-159]：Payment on or before November 20，2006.

译文：2006 年 11 月 20 日或其之前支付。（原句省略了谓语动词）

例 [4-160]：Insurance to be effected by the buyer.

译文：由买方负责投保。（原句省略了谓语动）

例 [4-161]：With 7% more or less both in quantity and amount to be allowed at the seller's option.

译文：由卖方决定数量及总金额是否都有 7% 的增减。（原句省略了主语和谓语动词）

例 [4-162]：Payment by L/C，available by draft at 30 days sight.

译文：凭见票 30 天付款的信用证支付。（原句省略了谓语动词）

例 [4-163]：To be covered by the seller for 110% of invoice value against All Risks and War Risk.

译文：卖方按照发票金额 10% 投保全险和战争险。（原句省略了主语和谓语动词）

不完整句可以用来强调直接性，在用于外贸合同内容表述时，更能体现出实用性和具体性，便于实际操作和执行。因此，在外贸合同条款或者有关条文中经常会出现不完整句。

例 [4-164]：10% of price value by payment in advance through M/T，90% of amount to be paid within 18 months in installments.

译文：10% 货款以信汇方式预付，90% 货款在 18 个月内分期支付。

例 [4-165]：In wooden case，each containing 30 cartons of 5 dozen each.

译文：用木箱装货，每个木箱装 30 纸盒，每纸盒装 5 打。

例 [4-166]：At USD 70 per carton net FOB vessel New York.

译文：每纸箱净价 70 美元，纽约港离岸价格条件。

例 [4-167]：Available by your drafts drawn in duplicate on opener.

译文：凭开成以开证人为抬头一式两份的汇票支取货款。

例 [4-168]：By 100% value Confirmed Irrevocable L/C with partial shipment and transshipment allowed，available by sight draft against surrender of full set of shipping documents to negotiating bank at port of shipment.

译文：凭100%价值的保兑的不可撤销的即期信用证支付，允许分批装运和转运，向装运港议付行提交全套货运单据。

例 [4-169]：Beneficiary's original signed commercial invoices in triplicate issued in the name of the buyer indicating the merchandise country of origin.

译文：受益人签发的正本商业发票一式三份，以买方为抬头，并标明商品原产国名称。

例 [4-170]：To be packed solidly，suitable for long distance ocean/air freight transportation，multi-handling and well protected against dampness，shock，rust，etc.

译文：包装必须坚固，并有防潮、防震、防锈等措施，适合于远程海运、空运和多次搬运。

对外贸英语不完整句的处理比较灵活，但主要方法是根据原句的内容来确定译文的谓语动词。在汉译时，还应根据汉语的句法结构和造句特征，对译语做出相应的调整。

七、套译法的使用与翻译

所谓套译，是指用相对应的表达方式（如短语或句型）来进行翻译；也指参照某一样本进行翻译（其中也包括借用译入语在同样的情况下所常用的现成句式、表达方式等）。外贸书信中也有许多常用的套语，虽然往往有许多同义的表达方式,但翻译时可任意选择其中之一进行对译,而意思并没有差异。例如,谈到某种商品的销售时，分别可用下列句型来套译。

例 [4-171]：这些商品在国际市场上享有盛誉。

译文：The goods have enjoyed a great popularity in world market.

例 [4-172]：这些商品深受我方顾客欢迎。

译文：The goods are most popular with our customers.

例 [4-173]：这些商品在我方市场上很走俏（脱销）。

译文：The goods are selling fast（enjoy fast sales）in our market.

无论原文如何措辞，只要所表达的内容相同或类似，翻译时完全可以仿照上述各例进行翻译。因此，更确切地讲，这种翻译方法应称为仿译。因为在翻译过程中，有时必须对一些具体细节进行改变，以便正确地传达原意，使译文符合译入语的语法习惯，这种方法在翻译合同、协议时尤其有用。另外，商品合同虽然千差万别，但有许多一般条款，如付款条款、运输条款、仲裁条款、索赔条款等，大都基本相同或类似，可仿照范本进行翻译。

第五章　外贸英语的语篇特点与翻译

外贸英语语篇是在买卖所需的产品或服务的外贸过程中使用的各种正式与非正式文件。外贸英语语篇注重实用性，涵盖业务范围广，活动类型丰富，具有很浓厚的行业特色。本章分为外贸英语语篇的类型、外贸英语语篇的翻译技巧两个部分。主要内容包括：外贸英语语篇的问题－解决型、直接表述型、间接表述型等七种类型，外贸英语语篇的词汇、句法和语篇的翻译等。

第一节　外贸英语的语篇类型

一、问题－解决型

外贸英语语篇的问题－解决型常见于广告语篇、产品说明书、外贸信函中，其中情景和评估是可选项，可能出现也可能不出现，而问题和解决办法是必选项。这类语篇格式如下：

①在语篇的开头提出一个问题，这个问题是和这次要表述的事情相关的。

②针对开头提出的问题，描述和评估这个相关问题会导致的后果。

③在语篇的最后会提供解决这个问题的方法，给出具体的解决方案。

例 [5-1]：

Aug. 12，2006

The market here is very weak owing to large selling offers from the exporters of Singapore. Since being the case，the market conditions are against us.

We believe that you have offered us your best prices acceptable to our market. However，our customers cannot afford to pay your prices and insist on some further reduction in prices. So we request you to reconsider a further discount of 4% to materialize the business.

译文：由于新加坡外销商大量的报价，所以本地市场萎靡不振。因此市场情况对本公司不利。

本公司相信贵方已经提供了我方市场所能接受的最优惠的价格，但是本公司的客户无法支付贵方的价格，并坚持要求进一步降价。请求贵方考虑再降价4%，以达成交易。

2006 年 8 月 12 日

分析：本例首先讲述了问题所在——市场不景气，然后继续扩展该问题，说明依照目前的行情，价格过高；最后提供了问题的解决办法——再降价4%。这样的语篇结构可以很有效地说明问题和提供解决方法，也能让买卖双方充分考虑解决方法的可行性和彼此的利益。

二、直接表述型

外贸英语中的表述要求直接、简洁、易于理解，因此在外贸英语的语篇中会对买卖双方的需求有一个直接的陈述，在陈述情况的基础上再讨论一些特殊的情况。在外贸活动中，有关好消息、偏中性信息的商谈会采用直接表述型的外贸英语语篇。例如，下面的这篇关于自我举荐的外贸英语语篇，一开头就直接介绍自己公司，然后直接提出自己公司的需求和主张。

例 [5-2]：We write to introduce ourselves as one of the leading exporters from the United States，with a wide range of computers.

We would be interested in receiving your inquiries for our computers of different models，against which we will send you our quotations in dollars，FOB U.S. Ports. Shipment will be arranged immediately after receipt of your L/C.

Should，by chance，your corporation not deal with the import of computers we would be most grateful if this letter could be forwarded to the correct import corporation.

译文：本公司是美国主要电脑出口商之一，经营各种电脑。现特来函自我介绍。

我方希望贵公司来函询购各种型号的电脑。我方一定会寄来以美元计价的美国口岸船上交货的报价单，并保证在收到信用证后立即装运。

若贵公司不经营电脑进口业务，烦请将本函转交有关经营电脑进口的公司，我方将十分感谢。

三、间接表述型

相对于外贸英语直接表述型的语篇，在外贸活动中，也会有间接表述型的英语语篇。这类语篇的表述会陈述事实，写清这次沟通的原因或背景信息，针对表述的事实，间接地得出一般性的结论和处理此事的态度。间接表述型外贸英语语篇适用于商讨外贸活动中的坏消息，这样可以缓和外贸双方的冲突，常见于退货、拒绝贷款等文件或信函中。

例 [5-3]：We have received today the goods we ordered on November 10.

On examination, we have found not all the goods correspond you're your original samples. The quality is much inferior and the weights lighter. We can only presume that a mistake was made in shipment and some goods were for another order.

We are, therefore, returning the goods to you with freight forward.

译文：本公司今天收到 11 月 10 日所订购的货物。

在检验时，本公司发现有些货品与贵方原来的样品完全不符。其品质相当低劣，重量也减轻了许多。我方认为贵方在装货时可能搞错了，这些货品是属于其他订单的。

因此，本公司将以运费到付的方式，将货物退还贵方。

分析：本例中，买方发现所收到的货物与样品不一致，但未生硬地指责卖方或简单地提出索赔，而是委婉地提出这可能是个错误，并非卖方的故意行为，最后提出退货。

四、主张 – 反主张型

在进行还盘、返还盘、递盘等外贸活动中，外贸双方往往会陈述自己的观点。例如，在以下的还盘表述中，买方首先表述了卖方的观点，然后买方就此观点提出了自己的意见，并通过陈述目前的实际市场行情、市场情况进一步证实买方自己的观点。

例 [5-4]：

Sep. 17, 2006

Dear Sirs,

Subject：Nylon Sports Sweaters

We have received your letter of September 11, offering us the captioned goods at $20 per dozen CIF New York.

In reply，we very much regret to say that we find your price rather high and out of line with the prevailing market level.

Information indicates that some parcels of Japanese products may have been sold at the level of $18 per dozen. So if you should reduce your price by， say 3%, we might come to terms.

Considering our long-standing business relationship，we make you such a counter-offer. As the market is declining，we sincerely hope you will consider our counter-offer and cable us as soon as possible.

译文：

敬启者：

事由：尼龙运动服

贵方9月11日来函收讫,感谢报我方上述货物的纽约到岸价为每打20美元。

兹复，抱歉地奉告，贵方价格偏高，与现行市价水平不一致。

有消息说一些日本货物以每打18美元价格售出。故请贵方能够同意降低货物价格，比方说3%，这样我们或许能成交。

考虑到我们之间长期的贸易关系，我方做了一点还价。由于市场日趋疲软，真诚希望贵方能考虑我方的还盘，并请将结果尽快电告我方。

2006年9月17日

五、解析型

外贸英语语篇中，也会出现把一个整体分成几个组成部分来表述的情形，这就是解析型的外贸语篇。购销合同语篇和求职函件中的个人简历一般都采用典型的解析模式。例如，购销合同中的产品规格、价格、付款条件、保险等多项条款可以成为几个具体描述的部分。

例 [5-5]：As to this business，we will draw our draft at 30 d/s on you against the 100 units of the construction machines for a sum amounting to US $500 000 under the L/C.

We ask you to accept it on presentation and honor it on maturity.

译文：关于这笔业务，本公司将依信用证，开立为期30天、金额为50万美元的汇票给贵行，以支付100台建筑用机的费用。

本公司要求贵行见票立刻接受，并于期满时承兑。

分析：此例中就货款的支付方式问题进行说明，规定是用汇票来支付，并规定了期限，属于解析型语篇。

六、等级型

在外贸英语语篇的类型中，还有一种等级型英语语篇。在这一类型的语篇表述中，各个组成部分都会按照其重要程度来排列或展开。

例 [5-6]：

Jan. 23，2007

Dear Mr. Houston：

We regret to note from your letter that a shortage of 1 000 kilos is found in the captioned shipment and that you are coming to us for compensation. The goods were carefully inspected by the SCIB before they were shipped as evidenced by their certificate now in your possession. As it has been mutually agreed that the certificate issued by the SCIB is to be considered as final and binding upon both sides，we do not think we should be held responsible for the alleged shortage，which must be due to pilferage while the goods were in transit.

We suggest you enter a claim immediately against the Insurance Company.

Is it your desire to have another 1 000 kilos of the goods you ordered at once？We will gladly do so.

Sincerely yours，

Stevie Williams

译文：

休斯顿先生：

你好，从你的邮件遗憾得知上述货物中发现短重 1 000 公斤，对此，你方提出赔偿。货物在装船前经由上海产品检验局仔细检验，你方所持该局出具的证明书足以为证。由于双方已同意上海商检局所出具的证明应被认为是最后依据，对双方均有约束力，我们认为所提短重不应由我方负责，该项短重必定是由于货物在运输途中被窃所致。

建议你方立即向保险公司索赔较为有利。

你方是否想立即再装 1 000 公斤你方所订的货？我们是很愿意这样做的。

斯蒂夫·威廉姆斯

2007 年 1 月 23 日

分析：本例是一封拒绝索赔要求的函件。卖方为了表明自己的立场，首先陈述了发货前货物是经检验局检验的，然后指出买方认可该检验证明，己方不应承担货物短重责任，最后提出买方应向保险公司索赔，并乐意与买方保持贸易来往。该信函采用等级递减模式，客观委婉地表明了卖方对于买方提出索赔的态度。

综上所述，对外贸语篇模式进行分类，熟悉外贸语篇的特征，有助于我们更清楚地了解和把握原文的表述结构和模式，从而有助于我们更有效地组织译文，体现原文的含义。但必须指出的是，在实际的外贸语篇中，语篇的结构模式往往并非单一的一种模式，而是几种模式的相互交融。因此，在翻译这类外贸信函时，应当保留原文的语篇结构，确保译文能反映原文语篇的主导模式，使译文忠实、得体。

第二节　外贸英语语篇的翻译技巧

一、外贸英语语篇的词汇翻译

（一）翻译要准确

在翻译外贸英语语篇时，在词汇层面上必须做到对原文中的用词准确理解并精确翻译，这也是外贸英语翻译中的重点。

例 [5-7]：As stipulated in our Sales Confirmation No. 2011，the covering letter of credit should reach us not later than May 31，2005.

译文：依据我方第 2011 号销售确认书规定，有关信用证抵达我方的日期不得迟于 2005 年 5 月 31 日。

例 [5-8]：After we have checked the L/C carefully，we request you to make the following amendment："Partial Shipment and Transshipment Allowed".

译文：经仔细核对信用证后，兹要求贵方做如下修改："允许分批和转船"。

例 [5-9]：We shall credit your... account with... bank on receipt of your authenticated wire confirming all the terms and conditions of the credit have been complied with.

译文：收到贵行加押电报证实与信用证全部条款相符，我行将贷记贵行在……银行的……账户。

例 [5-10]：Party A shall be unauthorized to accept any orders or to collect any account on and after June 15.

译文：自 6 月 15 日起，甲方已无权接受任何订单或收据。

例 [5-11]：Party B shall ship the goods within one month of the date of signing this contract，i.e. not later than August 25.

译文：本合同签字之日一个月内，即不得迟于8月25日，乙方需将货物装船。

例 [5-12]：Bills of exchange must be negotiated within 15 days from the date of bills of lading but not later than April 17.

译文：汇票必须自提单日期开始的 15 日内议付，但不得迟于 4 月 17 日。

例 [5-13]：We issue our irrevocable documentary credit in your favour for account of Forest Co.

译文：我行开立以福雷斯特公司为付款人、以贵方为受益人的不可撤销跟单信用证。

例 [5-14]：This credit shall cease to be available for negotiation of beneficiary's drafts after May 17.

译文：本信用证应于 5 月 17 日后中止议付受益人开具的汇票。

分析：以上 8 个例句充分显示了外贸英语在用词上的特点以及翻译的准确性。

例 [5-7] 中的 "Sales Confirmation" 和 "letter of credit" 为外贸术语，含义分别为 "销售确认书" 和 "信用证"。

例 [5-8] 中 "L/C" 指 "信用证"，而 "Partial Shipment" 不是 "部分装运"，而是 "分批装运"。

例 [5-9] 中第一个 "credit" 是动词，含义为 "贷记"，而第二个 "credit" 是名词，指 "信用证"；"authenticated wire" 解释为 "加押电报"，是国际银行间的业务术语。

例 [5-10] 中的 "on and after+ 时间" 这样的双介词短语实际上是指包含当天日期在内的起止时间，因此应译为 "自……起"。

例 [5-11] 中的 "not later than+ 时间"，指不能晚于所规定的时间，应译成 "不迟于……"。

例 [5-12] 中的 " bills of exchange" 意为 "汇票"；"bills of lading" 意为 "提单"；"negotiate" 在本句中解释为 "议付"。

例 [5-13] 中的 "irrevocable documentary credit" 意为 "不可撤销跟单信用证"；"issue" 在句中解释为 "开立"；"in your favour" 表示 "以贵方为受益人"；"for account of" 表示 "以……为付款人"。

例 [5-14] 中 "beneficiary's drafts" 的含义为 "受益人按信用证条款开具的汇票"。

（二）专业词汇翻译

在外贸英语语篇翻译的过程中，还会出现大量的专业词汇、外贸术语以及一些专业的缩略语。对于这些专业词汇，译者要精确使用。例如，counter-offer（还盘）、counter-suggestion（返还盘）、bid（递盘）、insurance policy（保险单）、clearance sale（清仓削价销售）、closed cargo（列入表定运费的货物）、warehouse to warehouse clause（仓-仓条款）、draft（汇票）、CIF（到岸价）、FOB（离岸价格）、CBD（付现提货）、CIF（成本，保险费加运费）、B/L（提单），等等。

外贸英语词汇除了具有基本意义外，还具有特定的专业意义，这就给翻译造成了不少困难。因此，在翻译外贸语篇时，需要正确理解上下文，根据词汇所在的情景来判定所译的单词是一般意义上使用的还是专业意义上使用的，从而正确理解词汇的含义，做到准确翻译。

例 [5-15]：The price of our silk products is a matter of arrangement.

译文：我公司真丝制品的价格是可以商定的。

例 [5-16]：We hope to come to an arrangement with you on the question of agency.

译文：我方希望能在代理问题上与贵方商妥解决方法。

分析：例 [5-15] 和例 [5-16] 中"arrangement"的含义各不相同。例 [5-15] 的"arrangement"在句中解释为"商谈决定"，而例 [5-16] 中的"arrangement"在句中解释为"解决方法"。

（三）词汇的不同搭配

外贸英语语篇中的词汇灵活多样，不同的词汇搭配就有不同的含义，这样就给翻译带来了困难。例如，"Received for Shipping B/L"的含义是"备运提单"，"Clean B/L"的含义是"清洁提单"，"Straight B/L"是"记名提单"，"Black B/L"或"Open B/L"是"不记名提单"，"Direct B/L"则是"直达提单"。

二、外贸英语语篇的句法翻译

（一）表意准确

前面说过，外贸英语语句具有简洁、严密的特点，注重表达效果的准确性、时效性和逻辑性。针对外贸英语语句的这些特点，外贸英语的句法翻译就要求译者要准确读懂原文中各个语句的语法意义和语用意图，分析句子结构，既要保证翻译的严谨，还要注意行文规范、表意准确。例如以下的句法翻译。

例 [5-17]：Please look into the matter immediately.

译文：恳请速查此事。

例 [5-18]：You are kindly requested to act accordingly as soon as possible.

译文：敬希速遵照执行。

例 [5-19]：The claims concerning the quality of the commodity shall be lodged within 30 days after arrival of the cargo at the port of destination.

译文：凡属品质异议需于货到目的口岸之日起 30 天内提出。

例 [5-20]：We advise you that we shall establish ourselves as general agents under the title of Riva Co.

译文：本公司将以里瓦公司的名义开设总代理店，特此奉达。

例 [5-21]：We hope everything will go smoothly and you are able to conclude the contract soon.

译文：希望一切顺利，能速签合同。

分析：以上各句的翻译恰到好处，它们或者使用"敬希""恳请""希望"及"特此"等汉语公文体中常用的客套委婉词语，或者使用"凡属……""鉴于……"等文言文句式，因此译文体现出了结构简洁严谨、表达规范老练、含义确切清晰等特点。

（二）翻译严密

此外，译文的准确严密性还包括对原文中的冠词、介词、名词单复数、动词、修饰语，否定表达方式，时态和从句等语法现象加以精确分析和解读。

例 [5-22]：The contract stipulates that four month's notice be given by letter of the intention to terminate it.

原译文：合同规定，以终止合同的书信形式提前 4 个月给予通知。

分析：原文中的短语"of the intention"其实是修饰从句的主语"notice"，而译文却将其译为修饰"letter"，从而造成误译。

改译：合同规定，如想终止合同需提前 4 个月给予书面通知。

例 [5-23]：Both heavy-duty trucks and platform trucks inquired for in your fax under reply are not available for supply.

原译文：贵方传真所询载重汽车和平板车都无货可供。

分析：原文为部分否定，但译文却表达为全部否定，导致误译。

改译：贵方传真所询载重汽车和平板车只有一种有货。

（三）语言正式

外贸英语语篇中的句法，还表现为长句多，句子结构比较复杂，因此在翻译中要充分注意各类从句以及被动语态的使用，翻译的语言要用正式的专业语言。这一点常常体现在外贸合同等法律公文中。例如以下句子的翻译。

例 [5-24]：This contract is entered into as of the sixth day of August，2006，by and between Tabu Co. Ltd.（hereinafter called the"Purchaser"），and Ode Co. Group（hereinafter called the"Seller"）.

译文：本合同由坦布有限公司（以下简称买方）和奥德集团公司（以下简称卖方）于 2006 年 8 月 6 日签订。

例 [5-25]：This contract is made by and between the buyers and the sellers，whereby the buyers agree to buy and the sellers agree to sell the under-mentioned commodity according to the terms and conditions stipulated below.

译文：本合同由买卖双方订立，因此买卖双方同意按照下面规定的条款购买以下产品。

分析：例 [5-24] 虽然是个简单句，但是语言正式、内容复杂，运用了被动语态和插入语，因此句式相对较长。例 [5-25] 是主从复合句，尽管句子结构有些复杂，但这种句式上的复杂性却体现了外贸合同的语言特点，确保了表达的准确性和严密性。

三、外贸英语语篇的翻译

在翻译外贸语篇时，译者应具有丰富的专业知识，了解外贸活动的运作程序，熟悉外贸术语及相关词汇，通晓外贸语篇的表达模式与结构，确保外贸语篇译文的专业性、礼貌性和得体性。例如，翻译篇幅稍长的要求降低产品价格的信函时，其原文结构严谨、语气委婉、说理清楚、目的明确，在做翻译时就要从各个层面表现原文的语篇特征，做到用词和句型简洁准确。又如，翻译一封索取形式发票的外贸信函时，其原文结构明确、条理清楚、语气委婉，译者在翻译时就要从各个层面表现出原文的语篇特征。因此，外贸英语语篇的译文在语体、语气、语言和行文方式上必须符合外贸语言的特征和行文方式，应最大限度地与原文保持一致，并且能表现出与原文相同的功能。

例 [5-26]：

Aug. 25，2006

Dear Sirs,

Thank you for your letter of September the 16th. We regret that we cannot meet your terms. We must point out that the falling market here leaves us little or no margin of profit. We must ask you for a keener price in respect to future orders. At present the best discount offered for a quantity of 200 is 5%. Our current situation leaves us little room to bargain. We hope you will reconsider the offer.

译文：

敬启者：

感谢贵方 9 月 16 日的来函。很遗憾我方无法同意贵方所提条件。我方必须指出，本地的低落市场已使得我们没有多少利润。对未来的订单我方必须向贵方要求更高的价格。而目前，数量 200 辆的最优惠折扣是 5%。就目前的情况不能还价。希望贵方能重新考虑此报价。

2006 年 8 月 25 日

例 [5-27]：

Sep. 8，2006

Gentlemen,

We have discussed your offer of 5% and accept it on the terms quoted. We are prepared to give your product a trial，provided you can guarantee delivery on or before the 20th of October. The enclosed order is given strictly on this condition. We reserve the right of refusal of delivery and/or cancellation of the order after this date.

译文：

敬启者：

我方已研究了贵公司 5% 折扣的报价，并接受该报价条件。倘若贵公司能够保证在 10 月 20 日前交货，我方准备试订贵公司产品。所附订单必须严格遵守此条件。倘若交货迟过该日，我方有权拒绝收货并取消订单。

2006 年 9 月 8 日

例 [5-28]：

June 24，2006

Dear Sir,

Thank you for your letter of June 18 enclosing details of your terms. According to your request for opening an irrevocable L/C，we have instructed the Beijing City

Commercial Bank to open a credit for US $50 000 in your favor，valid until Sep. 20. Please advise us by fax when the order has been executed.

译文：

敬启者：

感谢贵方 6 月 18 日来函，并详附贵方条件。依照贵方开立不可撤销信用证的要求，本公司已经指示北京市商业银行开立一张以贵方为受益人，金额为 5 万美元、有效期至 9 月 20 日的信用证。订货完成之时，请贵方以传真告知。

2006 年 6 月 24 日

分析：例 [5-26] 是卖方提出的最终报价，由于市场原因，无法给予买方进一步的优惠；而例 [5-27] 是对例 [5-26] 的回信，买方表示愿意接受卖方的报价，但必须于规定日期交货。这两份信函篇幅短小简洁、用词准确、句意明确，而译文同样简洁清楚地表达了原文的含义，体现了原文的特点。例 [5-28] 是买方向卖方说明已按照要求开出信用证，专业术语较多，在正确译出这些专业术语的汉语表达的基础上，译文准确地传递了原文的含义。

总之，译文的准确性、礼貌性、专业性和得体性是外贸语篇翻译所要体现的特征，是实现外贸活动交际目的的重要条件。当然，要达到这一目标，译者需要有一定的专业基础及扎实的语言功底，必须认真分析并且准确理解原文的语言意义和专业内涵，在译文中准确使用相应的术语和外贸语言，再现原文的外贸语篇模式。

第六章 外贸英语函电的特点与翻译

随着世界经济和国际贸易的不断发展，外贸函电的作用也越来越重要。学习与掌握外贸函电的特点以及翻译技巧，并将其运用到外贸函电的翻译中，对外贸函电翻译质量的提高能够起到十分重要的作用。本章分为外贸英语函电的特点、外贸英语函电的翻译技巧两部分。主要内容包括外贸英语函电的词汇特征、外贸英语函电的篇章功能特征、外贸英语函电翻译的影响因素、外贸英语函电翻译的方法等。

第一节 外贸英语函电的特点

一、外贸英语函电概述

外贸函电在对外贸易中所发挥的重要作用不言而喻。作为英语实用文体的一种，外贸函电与其他诸多文体的写作之间既有共性，又有区别。就各文体间的共同特点而言：首先，各种英语实用写作都是以良好的语言基础为前提的。很难想象一封充斥着语言错误和晦涩表达的外贸信函会带来什么样的恶劣后果。其次，各文体都需要遵循一定的格式（format）和布局（layout），尤其是在正式的经贸交往中，符合国际惯例的外贸函电对于交易的达成能够起到很好的"润滑剂"作用。最后，各文体的目的性非常明确，突出"功能实用"的特点。比如想要向别人表达衷心的祝愿，我们就会想到写一封祝贺信；想要表达歉意，道歉信就会浮现在我们的脑海中；如果想要索取和传递一些正式的商贸信息，外贸函电就会帮助我们实现目标。

外贸函电区别于其他写作文体的特点，可以用"内容清晰明了、措辞简明扼要、态度正式礼貌"来概括。"内容清晰明了"就是指信的内容不会使人产生误解，不能有模棱两可的表达，否则，来往解释的功夫会造成时间的浪费。

我们在草拟函电的时候，将最重要的事情放在最开始来说也不失为一种好的方法。"措辞简明扼要"指的是行文要突出重点，最好能够做到"一事一段"。但需要指出的是，简明扼要并不一定指信写得越短越好。比如需要在同一封信中同时说清楚促销、订单和付款条件等几个问题的时候，简明就要做出让步。"态度正式礼貌"要求我们要站在"贸易伙伴"（trade partner）的立场上看问题，不以自我为中心，要及时地答复对方的来信，以礼貌的态度处理贸易中的一些分歧和争端。

根据以上特点，一般来说，在商贸英语函电的写作中，语言要客观，不能主观臆造；要直接，不能冗赘拖沓；要具体，不能笼统空洞；同时要遵循合作原则和礼貌原则。我们来看一些具体的例子。

例 [6-1]：It is hoped that words from Mr. Lewis in connection with the completion of the project will be received by at an early date.

例 [6-2]：We have duly received your order，for which please accept our thanks.

例 [6-3]：

Dear Mr. Apdecker，

Contingent upon the approval of those concerned，the remuneration of an individual partner for profit-sharing purposed will be deemed to be such proportion of the total available remuneration of all partners as the proportion of each partner's capital investment.

分析：以上 3 个例子行文规范，没有任何语法和拼写方面的错误。这 3 个例子中分别使用了"it is hoped that""in connection with""upon the approval of""be deemed to"这样一些非常正式的短语和"contingent""remuneration"这样的"大词"（complicated word）。但是把这些例子和前文中指出的特点相比较，就会发现以上三例都存在着问题。例 [6-1] 中，原句想表达的内容就是"我们希望尽早收到刘易斯先生完成工程的消息"。在不改变原意的前提下，可将其改写成"We hope to hear soon from Mr. Lewis about completing the project."。原句 24 个单词，改正后的是 12 个单词，变得更加简洁了。例 [6-2] 中，原句意思为"因为我们及时收到贵方的订单，所以表示感谢"。写信的人一定是非常清楚自己想要表达的意思的，但站在收信人的角度来想想——到底是哪份订单让写信人感谢我们。这就违反了外贸信函"清晰明了"的特点。建议改成"We have received your order No. 60 dated 22nd，March，for which we thank you."，加上了"No. 60 dated 22nd，March"之后，语言更严谨，也省去了收信人的"琢磨"之苦。至于例 [6-3]，恐怕"一般读者"看了以后会一头雾水，根本不知所云。一封让人压根看不懂的函电显然违反了"礼貌原则"和"合作原则"。其实，这封信中晦涩的语言想说的就是"各股东按股分红"的意思，我们来看看改正后的信件。

Dear Mr. Apdecker,

If all three partners so agree，each partner will share in the profits in proportion to her or his initial capital investment. For instance，if Partner A invests \$10 000 and Partners B and C invest \$5 000 each，Partner A will receive one half the profit while Partners B and C will receive one-quarter of the profit each.

通过上面 3 个例子，可以看出，在外贸函电的写作中，短句比长句更能获得清楚和简要的效果；经常使用的普通词必定比大词要更受欢迎。所以，初学者在进行外贸函电写作的实践中，要始终记住这些特点，从而保证不会出现方向性的错误。另外，如果有机会把自己写成的信函给一些有实际外贸工作经验的人修改、润色，对初学者来说也是大有裨益的。

二、外贸英语函电的词汇特征

（一）多用庄重、严谨的公文用语

外贸英语函电作为商务信函的一大类别，属于公文文体。外贸英语函电主要用于贸易双方互相商洽、询问和答复，双方关系平等，因此，沟通双方采用的措辞、口气都应体现出平等和礼貌的特点。外贸英语函电的书写应做到格式规范，用词庄重、礼貌、得体、准确，这样有助于双方在融洽的关系中合作完成一单交易，并建立长期、稳定的业务关系，实现共赢。

（二）词义专业性强

外贸英语函电包含的业务种类众多，能够与国际经济交流活动中的各个方面产生联系。作为一门专业英语，外贸英语函电本身的专业性很强。外贸的专业词汇能够与各类经济专业产生联系，如国际贸易、国际金融等，而且有的时候使用普通的英语词典根本没有办法得到有关这些词汇的准确注释。比如说"libor"一词，它是与国际金融有关的专业词汇。它作为制定国际贷款利率的基础标准，在国际金融市场上有很高的使用频率，这个词的含义是"伦敦银行间同业拆放利率"（London Inter Bank Offered Rate）。由于国际金融市场的不断发展，在运用这个词汇的时候，渐渐地开始使用其缩略语的形式，根据这个新的词组形式还产生了新的发音方式，它的完全形式使用得越来越少，但是在普通的英语词典中，根本就查找不到这个词汇的缩略语形式。即使能够在普通英语词典中查找出一些专业的词汇，但是这些词汇在普通英语词典中的注释却不能准确地解释其在外贸中特有的含义。例如，"nay origin"，普通的英语词典给出的注释为："nay"是否定的意思，不是一个会被经常使用的词汇，通常情况下会在开会的时候使用这个词汇，用来表示否决的意思；"origin"是发源地、起源的意思。而在外贸专业中，"nay origin"应解释为"未说明产地"，向对方表达"请说明商品产地"的要求。

（三）词汇意义发生转化

外贸函电中使用到的词汇可能也是普通英语中经常使用的词汇，但是这些词汇的意思在外贸函电中会进行转化，形成其在外贸英语中的特有含义，这种含义与普通词典中给出的解释大不相同。在外贸英语中会发生词义转换的词汇如表 6-1 所示。

表 6-1　外贸英语中会发生词义转换的词汇

词汇		在一般语境中	在外贸英语函电中
名词	coverage	覆盖	所投保的险种、险别
	document	文件	单证
	literature	文学	书面材料
	offer	提议	报价，发盘
	quotation	引用，引用的话语	报价
动词	offer	提议，主动答应	报价，发盘
	quote	引用，引用别人的话语	报价
	cover	盖住，将……盖上	将（货物）投保
	finish	结束，完成	[名词]最后一道面漆
形容词	particular	具体的	[名词]详细的情况，具体细节
	subject	易受到，需经过	可能会，需经过，以……为准

（四）用复数形式表示单数意义

因为外贸函电本身是具有公文性质的文件，所以在行文的时候不应该具有个人的主观色彩，要想做到这一点，就要避免运用第一人称代词单数，也尽量不使用第二、三人称代词的单数形式，并且涉及的名词大部分都使用复数的形式，如下例所示。

例 [6-4]：We are large exporters of duplicating machines in England and are looking for an agent in Asia.

这一特征甚至在部分名词的使用上也得到了体现。如下例所示，其中的名词虽然是复数的形式，但是都不表示复数的意义。

例 [6-5]：We regret to learn of the short delivery of three cases of the shipment against your order No. 642 and have contacted our forwarding agents here who inform us that.

例 [6-6]：Please find enclosed our invoice No. 785 for $57 000 and note that we have drawn on you through our bankers，the Bank of China，for this amount at sight with the relative shipping documents attached for collection. We regret to find that our suppliers cannot get the shipment ready before the expiration of the shipping time，April 30. Your payment terms by L/C at sight are acceptable to us.

还有些名词即使是以复数的形式进行使用的，但是它也只能够发挥与单数名词相当的作用。最为特别的是名词 sale，它出现时多是复数形式，如在 sales value、sales volume、sales people 等结构中。

（五）一词多义现象普遍

一词多义这种情况在英语中是非常普遍的。因此，在对商务英语文章进行阅读与翻译的时候，应该对相同词汇在不同专业领域的用法加以重视。有的词汇本身的含义同它在商务英语中所具有的含义大不相同。一词多义的例子非常多，具体如以下几个示例。

endorse 在国际支付与结算中是"背书"，endorsement 是指示式抬头的汇票或提单（bill of lading）转让的一个环节，而广告业中多指由著名歌星、球星为产品的代言人，endorsed by no one 翻译为"不请任何人代言"。

instrument 通常的意思是"工具"或是"乐器"，在国际支付与结算中指的是"票据"，如 negotiable instrument 指的是可流通的票据；instrument 在法律英语中也指文据，如 instrument of appeal（上诉书）、instrument of delegation（授权书）、instrument of law（法律文件），不过，instrument of torture 则是指"刑具"。

injection 通常的意思为"注射"，也可转义为"资金的注入"（injection of fund）。此外，正如大家知道的一样，我国南方地区是制鞋厂集中的地方，injection 在制鞋业中指"注塑"，许多名牌鞋子的鞋底就是通过这种工艺生产出来的。

（六）用词积极

积极有力的措辞是增强国际商务函电有效性的一大法宝。人们在观看电影的时候，一般都会看那些情节上比较曲折、人物刻画丰满，并且具有较强动作性的影片，这与读者进行阅读时候的心理十分相近，阅读时最能够引起读者注意的就是行为，也就是谁为谁做了什么。通过使用语意明确、富有动感的积极动词和有具体所指的名词可以使文章看起来条理清晰，可以使商务文件变得生动具体、引人入胜。对以下两个例子进行比较。

例 [6-7]：There are many advantages to such programs.

这个句子并不存在差错，可是因为同时使用了"there are"这两个在引人注意方面并不能发挥多大作用的单词，就使得这个句子变得非常死板、不生动。倘若把句子改写成"Such programs boast/prompt/bring you many advantages."，这样具有极强方向性的动词就传递出了更强烈的意味，也就自然而然地将自豪的感觉表达了出来。

例 [6-8]：The technology treadmill is constantly moving.

这个句子有一个行为动词"move"，但是它不是以动词的形态出现，而是 -ing 形式。倘若把这个句子改写成"The technology treadmill moves constantly."，那么整个句子就会变得更加生动。

（七）多用描述性形容词

在贸易交流之初，进行交易的双方为了赢得对方的好感和信赖，最常做的就是向对方介绍自己的企业，在进行介绍的时候通常会使用大量带有夸奖意味的词语。例如，用 well-developed、well-established 等描述性的形容词修饰"公司或企业"（company）；用 profitable、promising 修饰"市场"（market）；用 reasonable、competitive、rock-bottom 来修饰"价格"（price）；用 affirmative、positive、favorable 修饰"回复"（reply）；用 favorable 修饰"条件"（terms）等。

这些词汇在外贸英语函电中的使用频率都很高，虽然其他形容词在外贸英语函电中也有着十分广泛的应用，但是上面提到的形容词在外贸英语函电中的使用频率比其他的形容词都要高。这些形容词尽管在情感方面十分鲜明，但却没有特定的意思，可以让收到函电的一方对发送方或者是发送方将要介绍的产品产生良好的印象。与此同时，发送函电的一方又不会受到任何商业行为约束，这样一来就比广告英语中动不动就使用的，类似"best"这种意思上比较绝对的而且容易让对方产生警觉甚至反感的词汇要好得多。

（八）多用行业的缩略语

对于商人而言，时间就是金钱，缩略语是业内人士在长期信函往来中逐渐形成的，或某一行业专业术语首字母构成的语言现象，其简洁、精练、直观的形式很受商务从业人士欢迎。除了形式上的简洁带来的便利之外，节省费用也是其中一个重要因素。传统外贸行业中多采用传真、电报等通信方式提高信息传递速度，但电报是按电文的字数收费的，字数越少花费越少，因此就出现了大量业内人士广泛接受的缩略语。而现代通信工具的多样化也拓展了函电的形式，图文传真和电子邮件成了商务英语函电在国际贸易货物买卖磋商中最为常用的载体。现在有不少外贸企业甚至开始采用国际上广泛使用的聊天软件进行买卖条款磋商，直观易懂的一些缩略语在聊天软件中使用广泛。试比较以下两个使用缩略语和不用缩略语的电文。

缩略语版：TKS FOR YTLX DD 15/8 V R IN A POSITION TO ACCEPT PRC AT USD 370/TON CIFC3 SINGAPORE L/C AT SIGHT.

全拼版：THANKS FOR YOUR TELEX DATED 15/8. WE ARE IN A POSITION TO ACCEPT PRICE AT US DOLLARS 370/TON COST，INSURANCE AND FREIGT SINGAPORE INCLUDING 3% COMMISSION LETTER OF CREDIT AT SIGHT.

同样的内容，后者比前者显得冗长，前者用了"TKS""YTLX""DD""V""R""PRC""USD""CIFC3"和"L/C"共9个缩略语，显然简洁多了，尤其是"V"和"R"巧妙利用相同读音分别代替"we"和"are"，非常直观易懂。

（九）时代信息效度高

在当今商品经济社会中，外贸行业为了追求信息效度，自然会对翻译的时效性提出要求。时效性指信息的新旧程度、市场最新的动态与进展和交流的有效性及效率度。由于社会经济以及科学技术的迅猛发展，新产品、新工艺和新概念不断涌现，新的商务术语也会随之不断产生。

三、外贸英语函电的篇章功能特征

（一）频繁使用正式的书面语体句型

正式体英语的从句层次复杂，相对于非正式英语来说，其句子一般来说都比较长。长句、分词和独立主格结构的频繁使用是书面语体的典型特征，用它们对层次较多且比较复杂的逻辑关系进行表达非常恰当，能够把相互关联的意

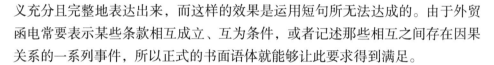

义充分且完整地表达出来，而这样的效果是运用短句所无法达成的。由于外贸函电常要表示某些条款相互成立、互为条件，或者记述那些相互之间存在因果关系的一系列事件，所以正式的书面语体就能够让此要求得到满足。

（二）运用倒装句型

在外贸函电中运用倒装句通常是为了让句子的平衡得到保持，或者是要对句子中的某一部分进行强调。在外贸英语函电中，倒装句并不是十分常见的。在表示发函的一方随函寄上某材料时，或是在对未来的还没有确定的可能性进行表达的时候，通常会运用倒装句。

（三）使用短句和短段落

运用简洁明了的句子，就是指应该删掉那些复杂的带有修饰意义的词语。商贸函电在遣词造句上力求用词准确、句式简单、表达清晰、简短明了。所以，电报、电传中常用缩略词，如复杂短语 in the event that、at your earliest convenience、please do not hesitate to...、the above-mentioned 可分别译成短语 if、soon/as soon as possible/as soon as you can、please、this/it 等。除了避免使用复杂老套的语言外，函电还应该更多地运用意思明确的词汇，尽量不要使用抽象词汇，从而避免因为语句意思模糊，而产生某种连带作用，或者让读者产生误解，如 "While we appreciate your order, we very much regret that we cannot entertain any fresh business in this line owing to heavy commitment." 一句中的 "appreciate" 虽然是正式信件中会用到的词汇，可是这个单词的使用让这句话变得十分不好理解，这主要是因为这个单词的外延意义比较多，如 "甚盼……" "对……甚表感激" "乐意……" "同情……" 等，因此容易产生歧义，而且这个词与主句所表达的意思在逻辑上相悖，让人阅读后感觉自相矛盾。另外，形容词 "fresh" 也较为抽象，后面又跟着 "in this line" 搭配，使人们在理解的时候容易产生歧义。应该把句子改写成："We are very sorry that we cannot accept any order now because of heavy commitment." 或者 "Unfortunately, we cannot accept any order now because of heavy commitment."。

除此之外，在书写外贸商业信函的时候，通过运用介词词组将连词替换下来，能够让句子变得更加简单易懂。简洁短小的句子可以为写出简短的段落奠定良好的基础，因为一个段落应该只有一个主题，仅能够对一个问题进行说明，这样一来，由于段落太长而导致读者找不到信函所要表达的观点的情况就不会再出现了。在段落与段落之间应该空出一行，让每段提出的问题能够变得更加突出，这样做不仅能够让信函变得更加美观，而且可以方便读者的阅读。

（四）大量使用套语

在进行公文写作的时候，其所包含的步骤都是固定的，外贸英语函电同公文写作一样也拥有自己固定的步骤。在经过很长时间的运用实践后，有些相对来说比较固定的文句得到越来越广泛的应用，这也是外贸英语函电最主要的一个特征。例如，表示自己收到对方的来函时可以使用"We are in receipt of your letter..." "We admit receipt of your letter..." "We acknowledge receipt of..."；表示自己是在回复某份函电时可以使用"Regarding your letter of..." "In reply to your letter of..." "Referring to your letter of..."；说明自己是从何处得知对方时可以使用"We owe your name and address to..." "Your name and address have been given by..."等。

四、修辞特征

（一）使用多种语言手段以实现委婉

在日常英语中，虚拟语气能够让自己的表达变得更加委婉，常用于提出请求、邀请，或者给出建议、劝告。外贸函电经常会对虚拟语气的这一特点加以运用，以此让语气能够变得更加客气、委婉。

例 [6-9]：We would be much obliged if you would inform us, in confidence, of their financial standing and modes of business.

例 [6-10]：Should you require any other information about our tools, please let us know and we will reply to you without delay.

因为通函双方之间的关系是平等的，一方在对自己的某些愿望进行表达，或者希望对方能够采取一些行动的时候，为了让自己的表达更加礼貌，通常会使用陈述句来让祈使句的功能得以实现。

例 [6-11]：We should appreciate it if you would obtain for us reliable information respecting Mess of. We should be greatly obliged if you would inform us if their account with you is overdue at present.

有的时候还能够运用不出现问号的疑问句型委婉地表达自己的愿望。

例 [6-12]：May we ask for the favor of your advice, in confidence, as to the prudence of our allowing credit to the extent of US $5 000 to the firm named at the foot of this paper.

（二）转喻的使用

转喻也可以称为借代，指的是使用那些与某事物关系十分密切的东西来对其进行表示，也可以理解为相近的事物或同类的事物之间的比拟。例如，在"The kettle is boiling."一句中用"kettle"一词来代替"the water in the kettle"。之所以这样做就是为了使行文变得更加简洁，让意思变得更加简单明了。外贸函电或者为了使行文变得更加简练，或者为了能够更加容易地进行叙述，通常会使用一名词来替换跟此名词意义相关的另一名词，如用 order 代替所订购的货物。除此之外，换名法在外贸英语函电中也会经常使用，如用一个品牌的商标来代替该品牌的产品。

第二节　外贸英语函电的翻译技巧

一、外贸英语函电翻译的影响因素

外贸函电由于自身的语言、内容、文体和跨文化特征，在翻译过程中显然要受到翻译者的语言能力、国际贸易知识、产品所属行业常识、公文文体基本常识以及跨文化敏感性等因素的影响。

（一）语言能力

这里的语言包括母语（汉语）和目的语（外语）。译者要有扎实的中、英文语言基本功，在函电翻译中体现为写作的基本功。译文除了能够满足语法规则以外，还需要满足交际功能和语用功能，因此仅仅能够翻译出符合语法规则的句子是不够的。当然，除了英语的语言技能外，翻译者的汉语语言能力也至关重要。对于这一点，长期以来很多人存在一种误解，认为汉语是自己的母语，在理解和表达上不会存在障碍。其实，汉语水平的高低对英汉互译均有影响。英译汉时，要翻译通顺就需要有一定的，甚至较高的中文水平；而汉译英时，翻译者首先需要对汉语的文本有透彻的理解，然后才可能有效、忠实、准确地传递原文的意思。当前英语专业的学生在英语的浸泡、熏陶下，汉语的语言能力反而有所下降，因此，译文不通顺、不符合中文句法的情况时有发生。因此，外贸翻译工作者在注意提高自己外语水平的同时，也应注意提高自己的中文语言水平。除了语言基本技能的提高外，译者还应关注与语言相关的文化知识的积累。对于外贸函电这种交际功能大于语法功能的文体来说，文化失误带来的负面影响大大超过了语法错误。

（二）贸易知识

外贸函电顾名思义是为了对外贸易的顺利进行，双方通过函电的方式磋商、沟通贸易信息。因此，在外贸函电的翻译中，如果译者不熟知国际贸易相关知识，就难以有效地传递原文信息。外贸函电中涵盖大量的专业术语，要准确传递原文信息就必须使用标准的术语和惯用表达法，如果使用普通词汇翻译贸易专业词汇，那么译文就会让人不知所云，从而失去了函电的交际功能，有时甚至会带来很大的损失。专业术语中还包括相当比例的缩略语，翻译时如照抄缩略语，显然无法全面传递原文含义。因此，从事外贸英语翻译的译者应该具有一定的外贸知识。

（三）行业常识

翻译外贸函电的译者除了需要具备国际贸易知识外，对于该笔交易中涉及的产品也应有一定的了解。对产品和行业惯例熟悉与否也会影响翻译的准确性。

公文文体是人们在日常生活中较少接触和使用的，它不同于可以使用夸张、比喻等修辞手法的小说和戏剧，不同于注重时效的新闻文体，也不同于强调绝对精准的科技文体。公文文体有自己严格的格式规范和严谨、简洁、分寸得当、用词得体的语言要求。如果翻译者不了解商务信函的语言和文体特点，而采用了其他文体的翻译策略，其效果可能令人啼笑皆非。

例 [6-13]：It is much appreciated if you can quote us your favorable price.

原译文：你们公司如能给我们优惠的报价，我们将感激涕零。

改译：贵方如能报给最优惠的价格，我方将不胜感激。

原译文将 "it is much appreciated" 这个英文商务信函套语译为 "感激涕零"，显然加入了煽情的描写手法。此译文使用的语言分寸失当，不符合商务信函中双方身份的对等性前提。

（四）跨文化的敏感性

由于国际贸易中买卖双方来自不同国度，存在不同程度的文化差异。翻译者应该具有高度的跨文化敏感性，在进行翻译的时候有效规避、灵活处理可能给对方造成冒犯之处。

二、外贸英语函电翻译的原则

通过函电（信件、电子邮件、传真）进行信息传递、交流和联络，已经成为国际间询价、报盘的主要方式。商务函电（包括电子邮件）的写作与翻译应遵循一般信函的"7C 原则"，即 Clarity（清晰）、Conciseness（简洁）、Courtesy（礼貌）、Consideration（体谅）、Completeness（完整）、Concreteness（具体）、Correctness（正确）。交易磋商的过程可分成询盘（inquiry）、发盘（offer）、还盘（counter offer）与接受（acceptance）四个环节。这个过程的起草和翻译需要体现商务函电的"7C 原则"。

（一）清晰

此原则是指避免使用可能产生歧义或意义不明确的词。

例 [6-14]：We hereby accepted that the payment is by D/P 60 days after sight.

译文：我方确认贵司未来的支付方式为托收——见票后 60 天付款。

以上例句含义不清晰。关键处是"见票后"这几个词对收款人不利。因为在业务中，如按照译例 [6-14] 去完成该笔业务，那么，付款人究竟何时见票并承兑，这个时间是非常模糊的，见票若晚 10 天，就意味着 60 天的远期汇票有可能变成 70 天。为了避免这种笼统模糊的情况以及防止付款人可能钻空子，必须要列明"提单日期后或汇票日期后 60 天付款（payment by D/P 60 days after the date of B/L）"。

（二）简洁

该原则是指要长话短说，开门见山。通常商业人士每天需要阅读大量的书信，啰里啰唆的长句对阅读者来说是一种折磨。商业书信的内容要简洁叙述，既不要说得不够（understatement），更不要说得过头（overstatement）。

例 [6-15]：We would like to know whether you would allow us to extend the time of shipment for twenty days，and if you would be so kind as to allow us to do so，kindly give us your reply by cable without delay.

上例过分"客气"，使用的句子过长，且表达不清楚。例句的内容是要求对方同意延期交货 20 天，一般情况下，应尽可能提出延期的具体日期。

改 写：Please inform us immediately if you agree to delay the shipment until April 21.

（三）礼貌

该原则要求外贸英语函电在表述方式上使用你方态度（you-attitude）的写法，因为这种写法充分体现对方的利益和需求，突出对方本位。外贸英语函电中应该尽量使用 you、your、yours，而不是 we、our、ours，因为使用第二人称会显得更加真诚、有礼貌。礼貌原则要求时时把对方放在获利的角度去考虑，这主要表现为对否定语气的弱化。例如，在否定句前面加 I am afraid、I do not think、I am not sure 或 I am regretted 等，使强硬与绝对的语气得到弱化；在表达否定时，灵活使用 unfortunately、always、quite、too、scarcely、hardly 或 really 等，以便为对方留下考虑与回旋的余地。例如，"Unfortunately, this is our bottom price, we could not make any further reduction."（很遗憾，这是我方的最低价格，我们不能再让了）。其中，"unfortunately"既表达了我方与对方达成贸易的诚意，又表明了鲜明的立场，语气坚定又不失礼貌。在业务洽谈过程中表达主观意见或看法时，通常使用 I think、I hope、I regret 或 please 等，使所要表达的观点或提出的要求不显主观、武断，同时保证语意明确。在外贸函电中，交易双方在进行谈判的时候，应该做到彼此都能够享受到相同的待遇，并且要互相有利。还有一点尤其需要重视，那就是要是为了表示出自己对对方的尊重而使用太过谦卑的言辞往往会得到相反的效果，会让对方质疑你是否有足够的能力。

例 [6-16]：You could rest assured that we would make every effort to effect the shipment as soon as possible so as to meet your demand.

译文：贵方可以放心，我们向贵方保证会竭尽全力发货，尽可能地满足贵方的要求。

改写：We assure you that we shall do our best to expedite shipment.

译文：我们向贵方保证我们会加速发货。

分析：根据上述例子可知，例 [6-16] 显得太过自贬，经过改写之后，句子就变得更加恰当了。

（四）体谅

当书写商务英语文书的时候，必须把对方的需求、渴望以及感情印在心里，找到能够把信息提供给对方的最适宜的方式，语气上要尊重对方、以对方为中心、礼貌而且友好。例如，"We are enclosing a catalogue outlining our company's goods available for export." 就要比 "Enclosed is a catalogue outlining this company's goods available for export." 显得亲切。

例 [6-17]：We should be obliged if you would let us have some names and addresses of likely importers of good standing from your customers, together with brief credit reports on them.

译文：如蒙告知贵司客户中比较可靠的进口商的名称和地址，并附其资信简报，我们将十分感谢。

以上实例体现了外贸英语函电中尽量令对方受益的体谅精神。"如蒙……将十分感谢"可以视作典型的你方态度（you-attitude）的书写方式。它从对方立场出发看待事情，淡化了以第一人称写作的主观立场。

（五）完整

该原则要求外贸函电完整地表达所要表达的内容和意思。在接受对方报盘时，须把交易条件全部阐明，即谁订货、订什么货、何时交货、货运至何处、如何付款以及价格条件等，可概括为 5W（Who，What，When，Where，Why）和 1H（How）。

（六）具体

例 [6-18]：Our product has won several prizes.

例 [6-18] 仅仅说了一个大概，而没有说清楚具体内容，从而在信息传达上显得很模糊。

改写：The Swan washing machine has won the First Prizes in four national contests within the past three years.

改写后的句子给出了详细的产品名称、获奖时间、奖项以及数量，将关于产品更加详细与精确的描述提供给了对方，以此使传递的信息更加具体、说服力更强。

（七）正确

例 [6-19]：本合同签订之后，签约双方中任何一方不得将合同内容泄露给第三方。

译文：Any of the two parties can not divulge the contents of the contract to a third party after the conclusion of the contract.

以上译文句法有误。双方中任何一方应该为"either of the two parties"，三方（或三方以上）中任何一方才用"any of the parties"。

改写：Neither of the two parties can divulge the contents of the contract to a third party after the conclusion of the contract.

三、外贸英语函电翻译的方法

（一）增减法

增减法指的就是翻译学中的增译以及减译这两种翻译方法。因为英语和汉语在省略习惯和形式结构等方面都存在着不同，所以翻译人员在进行翻译的过程中需要对语句以及内容进行恰当的增加或删减，从而使译文的意思能够忠实于原文。

1. 增译法

首先是词汇增译，如下所示。

例 [6-20]：We will send you a price list for your reference.

译文：我们将会寄给你方一份价格表供您参考。（加量词）

例 [6-21]：This project has been considerably speeded up.

译文：工程的进度大大加快了。（概念加词）

其次是语法增译，如下所示。

例 [6-22]：It's understood that a letter of credit in our favor covering the above-mentioned goods will be established immediately.

译文：你方必须对上述货物立即开立以我方为受益人的信用证。（被动省略加词）

例 [6-23]：When replying, please state your terms of payment and discount you could allow on purchase of quantity of not less than 100 dozens of individual items.

译文：当贵方回信时，请说明你方的付款条件以及购买单项商品不少于100打所能给予的折扣。（因语法需要而省略的词）

例 [6-24]：The business concluded between us has marked the beginning of a happy working relationship.

译文：我们之间所达成的交易已经标志着我们愉快工作关系的开始。（因时态而加词）

最后是修辞增译，如下所示。

例 [6-25]：The purpose of engineering is to create useful goods, to make them better, cheaper and more abundant.

译文：工程的目的是创造有用的物品，使他们的质量更好，价格更便宜，数量更充足。

2. 减译法

首先是词的减译，如下所示。

例 [6-26]：We assure you of our prompt attention to this matter.

译文：我们保证立即处理此事。（减译 you, our）

例 [6-27]：He may also be able to claim on the seller for the losses thus sustained.

译文：他还可以向卖主要求赔偿损失。（减译 sustained）

其次是修辞减译，指的是在进行翻译的时候，为了使译文能够更加简练，可以把一些词忽略掉不进行翻译，有的时候甚至会把一些小句忽略掉。修辞减译最为重视的一点就是译文的明快性，如下所示。

例 [6-28]：This is to introduce ourselves as confectioners and bakes having many years' expense in this particular line of business.

译文：兹介绍，本公司是经营糖果面包业务的，在这个行业有多年的经验。（减译 This is）

（二）外贸函电中被动句的翻译

在主动句中，英语使用"主语 + 谓语 + 宾语"的结构，这大体上同汉语一样。在被动句中，英语使用"主语 + 被动谓语 +by 短语"的结构，这样的表达方法与汉语表达之间存在着不同之处。所以，在对英语的被动句进行翻译的时候，并没有什么固定模式，翻译人员应该根据自己使用汉语的习惯，选择合适的语句与手段将原文中包含的被动意思体现出来。

1. 译成汉语的被动句

虽然汉语在动词上不会产生变化，可是在进行翻译的过程中译者可以通过增添词汇来体现被动的含义，如"被""受""所""由"等。

例 [6-29]：D/A is not easily accepted by the sellers especially for the new customers.

译文：尤其是对新的客户，承兑交单的付款方式不是很容易被卖方接受。

例 [6-30]：We have pleasure in informing you that shipment of the goods under S/C No. 29 has been made on board S/S PEARL.

译文：我们愉快地通知你方，我们第 29 号售货确认书项下的货物已由珍珠号货轮装运。

2. 译成汉语的主动句

首先，主语依旧翻译为主语，如将"As the date of delivery is approaching, you are requested to expedite the establishment of the L/C."翻译为"由于交货日期临近，请贵方尽快开立信用证"。

其次，将主语翻译为宾语，如将"Necessary certificates in regard to the quality and quantity of the shipment will be provided by Shanghai Inspection Bureau."翻译为"上海商检局将会提供有关货物质量和数量的证明书"。

再次，将句子翻译为没有主语的句子，如将"Some mistake was made and the goods have been wrongly delivered."翻译为"出了差错，发错了货"。

最后，翻译为用 it 作形式主语的英语被动句。在使用英语进行表达的时候，有许多被动句都把 it 当作形式主语。在对这类句子进行翻译的过程中，有些时候不需要加主语，有些时候又应该加上不确定的主语。

四、外贸英语函电翻译的策略

外贸函电的写作目的是使贸易双方在礼貌、友好的氛围下进行有效的信息沟通。本文探讨的翻译策略也是为满足这两个目的服务的。

（一）营造礼貌、友好氛围的翻译策略

由于外贸信函直接关系到买卖双方业务的成败得失，所以多采用礼貌策略来营造交易双方互相尊重、友好的商务氛围，这可以通过礼貌的词汇、句式和语气来实现，但礼貌的"度"也不可忽略。

1. 礼貌的词汇

顾曰国的五个礼貌准则之首的"贬己尊人"准则指出中国文化中出于礼貌的考虑，对对方要"抬"，要"尊"，对自己要"贬"，要"谦"。中文商务信函中经常使用的"贵（方 / 公司）""承蒙""烦请""获悉""为盼""谨上""敬（请 / 候 / 悉）"就很好地体现了这一准则。

2. 礼貌的句式

套语是公文文体广泛使用的一种表达礼貌的语言。商务信函是公文体裁的商务文本，在翻译时毫无疑问应该符合公文的规范。为了达到礼貌效果，中英文商务信函中经常会使用一些固定的套语，因此对套语的掌握可以帮助翻译者高效、准确而且规范地传递原文信息。以下列举一些常用的商务信函套语供读者参考。

（1）收到并回复对方来函

In reply/response to you inquiry dated...

兹复贵方 × 年 × 月 × 日询盘。

Regarding your fax dated...

兹复贵方 × 年 × 月 × 日传真。

In receipt of your fax dated... we.../We are in receipt of your fax dated...

贵公司 × 年 × 月 × 日来函收 / 敬悉。

（2）对对方来函表示感谢

Thank you for your inquiry dated...

感谢贵方 × 年 × 月 × 日询盘。

We would like to thank you for your email dated...

感谢贵公司 × 年 × 月 × 日的邮件。

Your inquiry of ... is well received with thanks.

贵方 × 年 × 月 × 日询盘已收悉，非常感谢！

（3）希望对方回复时

Your kind reply will greatly oblige us.

如蒙答复，当不胜感激。/ 敬请回复。

Your（prompt）reply would be appreciated.

敬请（速）回复。

（4）欲附上材料（价格单、目录、发票等）

Enclosed/Attached please find our latest catalogue.

Please find our enclosed/attached latest catalogue.

随附上最新目录，敬请查收。（注："attach"为电子邮件中表达随附材料的用词）

（5）传递积极或正面信息

Much to our delight...

让我们高兴的是……

I am pleased to inform you...

欣告……

（6）传递消极或负面信息

Much to our regret...

让我们遗憾的是……

We regret to...

非常遗憾……

We are very sorry to...

甚为遗憾……

试比较以下例句。

例 [6-31]：Your letter of Apr. 12，2012 is well received with thanks，but we regret that we do not agree with your counter-offer.

译文：贵方 2012 年 4 月 12 日来函收悉，谢谢！但非常遗憾的是我们无法认同贵方的还盘。

例 [6-32]：We have received your letter dated Apr. 12，2012，but we do not agree with your counter-offer.

译文：贵方 2012 年 4 月 12 日来函收悉。但我们不同意贵公司的还盘。

分析：这是要对对方公司发来的还盘说"不"的句子，前者在说"不"之前加入了可以削弱消极信息的套语"we regret"，很好地将这种否定的强度降低了，暗示收信人希望继续维持跟对方的贸易关系，而不至于像后者因为过强、过生硬的否定语气给双方继续磋商带来"尴尬"的氛围。

3. 礼貌的语态

双方信函沟通中，如磋商的内容无关行为执行者，英文商务信函常常采用被动语态，以对方关注的内容作为主语，这样既突出了重点，又自然地传递了"以顾客为中心"的礼貌信息。但汉语中使用被动语态的情况是"对主语而言是不如意或不期望的事，如受祸、受欺骗、受损害，或事情会引起不利的后果"，显然汉语中使用被动语态并不能传递礼貌信息。因此在翻译时，应注意语态的转换，以准确地传递原文的礼貌信息。

4. 礼貌的语气

外贸往来函电是为了买卖双方最终能达成一致，实现互惠共赢。为了能实现有效、和谐的沟通并且建立和维持长期良好的业务关系，在外贸函电中多用委婉的语气来表示拒绝、否定或指出对方的不妥之处，这样既表达了否定含义，又能维持业务关系。虽然外贸函电推崇用词准确，但是为了弱化生硬的语气，避免造成不愉快的双方关系，我们可以引入一些模糊词汇，如"I am afraid""It seems that""a little""probably"，或通过"去否定"策略以肯定句表达意思。试比较以下例句。

例 [6-33]：We cannot accept D/A.

译文：我方不能接受承兑交单的支付方式。

例 [6-34]：I am afraid we cannot accept D/A at present.

译文：恐怕目前我方还无法接受承兑交单这种支付方式。

例 [6-35]：I am sorry to say that L/C is our usual practice for all new clients.

译文：很抱歉，对所有新客户我们都采用信用证支付方式。

分析：对比以上三句话，显然，例 [6-33] 显得口气生硬，容易伤感情；例 [6-34] 使用的模糊词汇"I am afraid"弱化了否定口气，显得委婉客气；例 [6-35]

加入了套语"I am sorry to...",同时采用"去否定"策略将"cannot"移除,直接告知对方我们可以接受的支付方式是什么,而且将双方关注的核心支付方式作为宾语从句的主语,更好地传递了"以顾客为中心"的合作信息。

5. 礼貌的度

礼貌策略在运用过程中还要注意"度"的问题。超过了"度"就会显得过于谦卑,而使双方陷入非对等地位。有些词,如表示自己公司的"敝、贱、鄙、小"等字样以及"铭谢肺腑",因为太过谦卑或尊敬,所以现在不经常使用。而且,如果过度强调礼貌,那么为了体现委婉、礼貌在措辞上势必会显得啰唆、累赘,这既违背了商务信函的简洁原则,也不符合现代商场中的高效要求。因此,在翻译时应灵活运用礼貌策略,使其最有效地发挥效果。

(二)有效传递信息策略

商务信函的翻译虽不需要处处遵循翻译的"忠实"准则,但对于货物的具体价格、数量、支付方式、保险这些条款,"忠实"是必要的,翻译时不可以夸大、遗漏任何细节,否则会给双方带来误解,甚至损失。只有准确翻译,才能有效地传递信息。该策略可以从准确使用术语、运用表意具体的词汇和选用适合商务信函文体的词汇三方面实现。

1. 准确使用术语

由于外贸函电中国际贸易相关的专业术语比例较大,翻译者平时就应该注意多积累专业词汇,并注意词汇的更新。在工具书的配备上,除了语言学习者常用的英汉字典外,还应备有一些专业字典如《最新汉英对外经贸词典》《牛津英汉双解商务英语词典》《朗文英汉国际贸易辞典》等。

例 [6-36]:Insurance:For 110% invoice value against ICC-A and War Clauses.

原译文:保险:按发票价值的 110% 投保一切险和战争险。

修改后:保险:按发票金额的 110% 投保协会货物 A 险和协会货物战争险。

分析:该例中出现了一个保险行业的术语"ICC",它是英国伦敦保险协会 1982 年 1 月 1 日修订的协会货物险"institute cargo clauses"的缩写,而一切险是中国保险条款 CIC 项下的保险条款。原文中的"A"表示 A 险条款,而非"all risks"的缩写。"ICC"和"CIC"虽只有一个字母之差,但代表的是不同国家的保险条款。另外,"ICC"还是在国际贸易中有举足轻重地位的国际商会"International Chamber of Commerce"的缩写,应注意区分。

"value"在国际贸易中一般意指"金额"而非"价值",外贸单据中出现的"contract value"就表示"合同总价"，而且表示的金额必须用大写写出。"金额"和"价值"两个词虽然在意思上很相近，但还是会让人产生误解。

2. 运用表意具体的词汇

避免使用模棱两可的词汇或表达，尤其是涉及金额、日期、数量等数字方面的内容时，尽量使用表意具体的词汇，避免使用"about""or so""approximately"这些修饰语。

例 [6-37]：敬请在明天之前将货物送达我方。

译文：Please kindly deliver us the goods by tomorrow.

分析：外贸沟通注意时效性，但又无规律性，明天是一个针对"今天"而言的时间表达，而收信人通常以看到函电的时间为"今天"，那么如果是函电送达第二天才看到的话，"明天"就是当日了，这样就可能使出口商耽搁了装运时间而造成违约。通常建议用具体日期代替"tomorrow"以及类似词汇。

3. 选择适合商务信函文体的词汇

外贸商务信函是一种公文文体，为了体现其庄重性，人们常常会使用书面词汇和正式词汇来代替基本词汇或口语词汇。下面表格中是商务信函用语和日常用语的对比。

表 6-2　商务信函用语和日常用语的对比

商务信函用语	日常用语	中文
in consideration of	considering	考虑到
under quote	quote lower than	开价低于……
in view of	about	关于
in duplicate	in two copies	一式两份
prior to	before	在……之前
as per/in accordance with	according to	根据
otherwise	or	否则
dispatch	send	发货
inform	tell	通知
conclude	complete	完成
per	every	每

选用正式的或书面的词汇不等于要选用生僻的或容易产生歧义的词汇。其实，外贸函电除了必须使用专业术语等手段准确传达自己的信息意图外，还要

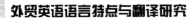

求信函语言明白易懂、朴实平易、直达意图、不浪费时间。除了使用正式词汇的场合之外,商贸英语还经常使用口语体词汇。这是因为英语这种世界贸易语言,虽然被一百多个非英语国家中从事商务的工作人员广泛地应用在商务书信中,但是这些人员的英语水平却参差不齐。因此,使用通俗易懂的语言也是尊重对方的表现。下表中列出的是一些相对生僻的书面词汇和常用词汇的对照。

表6-3 生僻的书面词汇和常用词汇对照

书面语词汇	常用词汇
amble	walk
apprehend	arrest
utilize	use
verbalize	say
demonstrate	show
expedite	rush
facilitate	help
initiate	start

总之,在外贸信函的翻译中应注意三个方面。首先,主题要突出。译者应将想要解决和沟通的事项写明。其次,语言简洁明了、通俗易懂。由于商务沟通的对象受教育水平不同,因此外贸函电应尽量使用双方都熟悉的词汇,避免使用生僻词。复杂的句子结构虽然能体现扎实良好的语言功底,但一定程度上增加了理解的难度和令对方误解的可能性,在非必要的情况下尽量不要使用。最后,语用礼貌。无论和哪种教育背景、文化背景的对象进行函电沟通,尊重都是交际有效进行的不变的原则。但在实际操作中不能完全拘泥于礼貌原则。有些礼貌方式的运用反而会引起对方的反感,过于注重形式反而违背了商务信函信息直观、有效的原则。信函中礼貌的传递可以有很多种,可以是礼貌的词汇或句型,可以是礼貌的语气,也可以是简洁或开门见山的表述。

第七章　外贸产品说明书和样本资料的翻译

外贸产品说明书和样本资料是外贸业务中重要的文件，这些文件不但会影响贸易的进程，甚至会影响外贸预期经济效益的实现。本章分为外贸产品说明书的翻译和外贸产品样本资料的翻译两个部分。主要内容包括：产品说明书的结构、语言特征、词汇和句法的特点及翻译要点、外贸产品说明书的翻译案例、外贸产品样本概述、外贸产品样本翻译的词汇及语篇特征、校对及印刷等。

第一节　外贸产品说明书的翻译

一、产品说明书的结构和语言特征

（一）产品说明书的内容

产品说明书是关于产品的构造、性能、规格、用途、使用方法、维修保养等方面的文字说明。产品说明书是厂商为销售其产品而附的一种销售小册子，主要用来向客户说明如何正确使用所购物品，以免因使用不当或保管不当而造成不良后果。

产品说明书的特点主要包括内容的科学性、说明的条理性、样式的多样化、语言的通俗性和图文的广告性。

厂家可以根据实际需要对以下各项有选择或有侧重地进行说明。

①产品概况。包括产品的名称、规格、成分、产地等。

②性质。包括产品的性能和特点。

③使用方法。有时会配合插图说明各部件的名称、操作方法及使用注意事项。

④保养与维修。配合图表来说明如何保养，以及排除一般故障和具体维修的方法。

⑤产品成套明细。只有成套产品才有此项，主要说明成套产品的名称和数量。

⑥附属备件及工具。

⑦附"用户意见书"或"系列产品订货单"。

（二）产品说明书的结构

产品说明书的结构通常包括封面、前言、标题、正文、署名五部分。

标题可以是"产品简介""说明""使用说明书"等，常用英文标题是"Instruction""Manual"等。有时标题也可直接写出产品的具体名称，如"格顿陶瓷电热水壶""阿明鱼夹牛肉"等。

正文一般分别列出产品的性质、规格、成分、结构、用途、使用和保存方法、适用人群或适用情况、预期效果、保养维护、注意或警告事项、故障排除、质量保证、使用期限、销售范围、售后服务和免责声明等内容。

署名部分一般有制造商、生产商或经销商的地址、电话、邮编、网址等信息。

不同类别的产品列出的具体事项也不尽相同，但产品的特征、功能和使用方法是产品说明书的重点。另外，有的产品说明书还会详细地与同类产品对比，说明自身的优势。有的产品说明书还有致谢、环保声明和相关信息的链接方式等。

对于相对复杂的如机电产品说明书及成套设备的产品说明书，可以印刷成书本、折子等样式。产品说明书的常用结构如表 7-1 所示。

表 7-1　产品说明书的结构

结构	内容
封面	① ×××产品说明书和公司名称 ②产品的规格型号、商标 ③产品的标准名称和图样 ④产品的照片、图样和表格
前言	书信式短文；概述式短文
标题	有关产品说明的标题，而在有的英文产品说明书中也可能没有标题。这不等于说产品说明书的标题不重要。因为从宣传效果上来看，说明书的标题作用仍很重要，它起着引导的作用
正文	作为产品说明书的主要部分，正文的内容包括产品的性能、使用方法、规格、注意事项等。针对不同产品的性能和用途，产品说明书也会有不同形式的说明方法。例如，医药用品的说明书一般包括成分、主治、用法用量、注意事项、禁忌及副作用等；而电子产品的说明书则通常包括产品的特征、性能、规格（技术指标）、操作程序以及注意事项等。就某些特定的产品来说，其说明内容甚至还包括包装、净重、体积等。
署名	公司的地址及含国家地区代号的电话号码等联系方式。

（三）产品说明书的语言特征

产品说明书的适用范围很广，其形式和内容随产品而异。有些简单的说明书就印在产品包装上，文字不多，简明扼要。复杂的说明书则做成一本小册子，随产品提供。但它们在语言运用方面均具有如下特征。

①准确性。产品说明书是对产品的科学说明，要求用语准确，恰如其分，严格做到科学、客观，这样才能对使用者进行正确的指导。

②通俗性。产品说明书的阅读对象是广大的用户，他们的文化水平和理解能力不一，因此，说明书的文字应该通俗易懂，并利于教会用户正确使用某种产品。

③明确性。产品说明书的语言要清楚明白。在语句表达上，要求简短明快、一目了然；在形式上采用分别式或条文式，或根据表达的需要，选用人工语言符号如表格、图片、照片、符号等。

④说明性。产品说明书所使用的语言是纯粹的说明文字，不追求语言的生动、华美。说明书应与广告词区别开来，切忌描写、抒情或议论，更不能夸张。

二、产品说明书的词汇特征及翻译要点

产品说明书的交际目的主要是对产品进行详细明确的介绍说明，从而指导消费者正确购买和使用，激发潜在购买者的购买欲望。产品说明书是随同产品一并附来的书面材料。从药瓶上说明服药方法的寥寥几句到解释说明成套科技设备产品用法的数万、数十万，甚至数百万字的都是说明书。

（一）普通词汇专业化

产品说明书为保证传递信息的准确性、科学性和权威性，常频繁使用专业术语或行业用语，尤其以医药产品说明书和工业产品说明书最为突出。产品说明书中某些专业术语是在赋予普通英语词汇以特定的新意后产生的。例如，在有关计算机产品的说明书中会出现以下词汇，如表 7-2 所示。

表 7-2　计算机产品说明书中的常用词汇

英文词汇	普通意义	专业意义
brick	砖	程序块
grandfather	祖父，外祖父	原始文件
bus	公共汽车	总线
package	包裹	软件包

续表

英文词汇	普通意义	专业意义
program	节日，规划	程序，编程
instruction	指导	指令

（二）词汇的多专业化

同一英语常用词不仅为一个专业所采用，而且被许多专业用来表达各自的专业概念，甚至在同一专业中同一个词又有许多不同的词义。例如，transmission——发射、传动、透射、遗传；power——力、电、电源、动力、功率等。而汉语的词汇是专词专用。这就需要产品说明书的译者根据相关产品所属的不同专业领域，结合上下文，正确地理解并翻译这类词汇。

（三）大量运用合成词

科技英语词汇中大量的合成词是利用已有单词，通过词缀法和拼缀法合成的新词。例如，hi-tech（high technology）高新技术；colorimeter（color + meter）色度计。

（四）运用缩略词语

企业产品说明书的语言简明扼要、措辞精练，常使用约定俗成的缩略语或省略表达形式，让消费者能在最短的时间内把握使用要点。缩略语简单易记，在实用科技英语中被普遍运用。英文说明书在对不同的产品进行介绍时，也会涉及一些特定的缩略语。例如：

DNA（deoxyribonucleic acid）脱氧核糖核酸

FM（frequency modulation）调频

B.P.（blood pressure）血压

cap.（capsule）胶囊

F（Fahrenheit）华氏

IU（international unit）国际单位

（五）常使用名词或名词化短语

在向使用者客观描述或介绍产品时，产品说明书不可避免地要运用大量的名词或名词化短语来向消费者客观地描述和介绍产品的工作原理、技术规格、结构、安装、维护保养等事项。因为名词或名词化短语使名词的修饰成分提前，句子结构更紧凑，所以在表达复杂内容时，语句更加连贯自然。

（六）频繁使用提示词和情态动词

1. 提示词

产品说明书中常用提示词如"慎""以免""请"等来提示使用者注意事项。

2. 情态动词

产品说明书中常出现提醒消费者的注意事项或警告，需要用到不同语气程度的情态动词。英文说明书中常用"should""must""mustn't""can""can't"等，中文说明书常用"请、严禁、禁止、注意、可能、应该、忌、切忌、勿、不要、避免"等。

三、产品说明书的句法特征及翻译要点

英文产品说明书的句法通常是多样性的，具体表现在以下几个方面。

首先，产品说明书的句式简洁、通俗易懂，旨在用简明、准确的语言，客观、如实地介绍产品的性能、特点、使用方法及注意事项。说明书以使用简单句为主，较少使用长句及复合句。

其次，经常使用祈使句和无主语的省略句。

再次，广泛地使用被动语态。

最后，产品说明书普遍采用非谓语动词结构即分词短语、动词不定式和动名词短语替代定语从句和状语从句。

（一）祈使句的使用

产品说明书的指示说明部分常使用祈使句，用来表示强调、命令、警告等，在给予指示时直截了当、简洁有力，在英文产品说明书中更常用来表示建议和指示，具有强调作用。因此，广泛使用祈使句是英文产品说明书在句法上的突出特点。

例 [7-1]：Make sure that the"+"and"-"marks are correctly aligned.

译文：确认一定要正确地对准"+""-"电极。

例 [7-2]：AVON ROLL-ON ANTI-PERSPIRANT DEODORANT

All-day deodorant and wetness protection. Keep under arms dry and odor-free. Glides on smoothly. Dries quickly. Non-stinging. Non-sticky. Won't stain clothing.

译文：雅芳止汗香体露（山茶花香）

配方特别温和，适合各类肤质，独特的清香令身体24小时保持干爽清新。

分析：上例化妆品的英文说明书中有七句，而译文只有一句，但却没

有漏译任何重要的信息。"干爽清新"一词言简意赅地译出了"wetness protection""Keep under arms dry and odor-free""Dries quickly""Non-sticky""Won't stain clothing"所含之意。而"独特的清香"避免了直译"deodorant"（除臭剂）给爱美的女性消费者带来在选购该款产品时产生的心理上的尴尬。

（二）被动语态的使用

外贸产品说明书常运用被动语态来说明产品的特点、性能和功用等信息，以呈现描述的客观性和科学性。产品说明书侧重解释说明，强调客观准确，因此应尽量使用第三人称叙述。

例 [7-3]：Attention must be paid to the working temperature of the machine.

译文：应当注意机器的工作温度。

例 [7-4]：After being absorbed by human body, it can promote the synthesis of bone cells.

译文：本品经人体吸收后，能促进新生骨质细胞的合成。

（三）非谓语动词结构的使用

产品说明书在表述上应尽量做到清楚、简洁、准确，通常利用分词短语、动词不定义、动名词来替代定语从句或状语从句等。在外贸产品说明书中这些非谓语动词结构的使用，能够使得产品说明书短小、醒目、结构紧凑，能够精练地表达出产品的特点。例如：

例 [7-5]：Huanhe brand quick-dissolved pearl powder is refined through modern biochemical technology from super fresh water pearls produced in Zhuji City.

译文：欢合牌速溶珍珠粉是采用诸暨盛产的优质淡水珍珠为原料经现代生化技术精制而成的。

例 [7-6]：Let us have a good look at Fig. 2 showing how heat makes it expand.

译文：让我们仔细看一下图2，它说明了热是如何使它膨胀的。

例 [7-7]：Cracks will not come out clean unless treated by ultrasonic waves.

译文：只有以超声波处理，缝隙才会变得洁净。

例 [7-8]：There are many kinds of steel, each having its uses in industry.

译文：钢有许多种，每种在工业上都有它的用途。

例 [7-9]：It may be hot without the motion in it being visible.

译文：即使其内部运动不可见，它仍可能是热的。

例 [7-10]：In this case，the best choice for the axis around which to calculate torques is the base of the ladder.

译文：在这种情况下，对计算力矩所围绕的轴的最佳选择是梯子的底部。

例 [7-11]：A few factors affect the ability of a capacitor to store charge.

译文：有好几种因素影响电容器储存电荷的能力。

例 [7-12]：By pressing pause in deck 1 during dubbing，a blank part will be recorded in deck 2.

译文：如果在翻录期间按卡座 1 的暂停按键，将在卡座 2 的磁带上获得一段"空白录音"。

例 [7-13]：Try doing it in another way.

译文：请试用另一种方法。

例 [7-14]：By analyzing the performance of the device，one can appreciate it better.

译文：通过分析该设备的性能，我们能更好地了解它。

（四）简短句、条件句的使用

产品说明书应言简意赅，避免繁杂冗长的句子。短句的使用让产品说明书的语言简洁明晰。产品说明书常常是"一句一要求"，意义上关联不紧密的分句不会放在一个句子中，以避免意义上的含混不清或产生歧义。

产品说明书中的条件句常用于提醒或警示消费者如果使用中遇到问题、故障、意外或产生不适，应如何处理或操作。此类信息在产品说明书中非常重要，既可以延长产品的使用寿命，又可以保证消费者的安全和健康。

四、产品说明书的语篇特征及翻译要点

（一）产品说明书的语篇特征

产品说明书是正式文体，行文规范严谨。外贸产品说明书的语篇有其固定的格式和要求。

①逻辑性强，重要信息突出。

②语言客观，毫无夸大，技术普及性强，行文常用条款式，使读者一目了然。

③解释程序或使用步骤。产品说明书中常有介绍产品使用步骤的语句。

④语气正式客观。产品说明书的语言客观准确、语体正式。

⑤语篇结构相对固定。

（二）产品说明书的语篇翻译要点

翻译外贸产品说明书时，应注重知识性和科学性，翻译的目标是让目的语消费者准确、详细地了解产品，译者应尽量以客观、准确的语言描述和介绍产品的特征、功效及主要事项等内容，语言要通俗易懂、行文通畅、符合逻辑。

一份完美的产品说明书译文不仅要让目的语消费者读懂有关产品的介绍性内容，符合目的语消费者的语言规范，实现产品说明书的信息功能，而且也要满足目的语消费者对产品说明书的审美期待（特别是化妆品类说明书），以激发目的语消费者购买产品的欲望，从而达到某些产品说明书特定的呼唤功能。

例 [7-15]：Shiseido's unique formulation of Dual Target Vitamin C and Arbutin inhibits melanin production both inside and outside melanocytes, also reducing melanin in the homy layer. By carefully controlling the melanin production, multiple skin layers are actively whitened. Visible freckles, dark and dull spots are targeted and soon faded. Simultaneously, the skin's surface layer is toned and retextured with the use of rare Asian plant extracts. The effect is radiant, translucent looking skin.

Brightening Refining Softener, a whitening lotion that softens skin and exfoliates surface cells to reduce visible melanin buildup and ensure a smooth, evenly luminous complexion.

Formulated with: Dual Target Vitamin C, Arbutin, Asian plant extracts, Clarifying agent.

How to use: Use morning and night after cleaning skin. Saturate a cotton pad and wipe gently over face.

译文：资生堂独创美白配方——双效修护维生素 C 和熊葡萄叶素，能于色素细胞内外截击黑色素的聚合过程，同时减少积聚于角质层里的黑色素。通过严密控制黑色素的形成，肌肤表层将获得"恒动"的美白修护。不久，明显的雀斑、黑斑和暗哑斑点将逐渐淡化。此外，配方中的稀有亚洲植物精华，能够促进表皮色泽明亮，肤质改善。剔透富有光泽的美透白肌即将展现。亮白健肤水，能令肤质柔软，促进老化表皮细胞脱落，减少黑色素积聚，缔造色泽均匀、柔滑明亮的肌肤。

产品配方蕴含：双效修护维生素 C；葡萄叶素；亚洲植物精华；净化成分。

使用方法：早晚洁面后使用。以浸透健肤水的棉花，轻柔地涂抹全脸。

上例化妆品说明书的英文原文具备较强的信息功能、美感功能与祈使功能，而译文也很好地再现了原文的功能。

五、产品说明书翻译案例

中英文产品说明书既有其共同点，也有其各自的特征，在对产品说明书进行英汉互译时要做到"求同存异"。换言之，英汉互译时，首先要使译文满足产品说明书的共同特点，即信息准确无误、语言简洁清晰、表达通俗易懂、措辞紧凑符合逻辑；然后考虑到英汉产品说明书的不同特点，在翻译时运用合适的方式传达出来，如英文产品说明书中的被动语态就常需要转换为中文产品说明书中的主动语态或无主句。

（一）药品说明书翻译赏析

1. 英语原文

Zyrtec Cetirizine Dihydrochloride

Cetirizine Dihydrochloride Drops Insert

Please read the insert carefully and use the drug under the guidance of the doctors.

[Drug Name]

General Name：Cetirizine Dihydrochloride Oral Drops

Brand Name：Zyrtec

English Name：Cetirizine Dihydrochloride Oral Drops

Chinese Spelling：Yan Suan Xi Ti Li Qin Di Ji

[Component]

Active ingredient is cetirizine dihydrochloride.

[Description]

Colorless liquid.

[Therapeutic Indications]

Seasonal Perennial Allergy Rhinitis，Skin Allergy，Conjunctivitis and Pruritus Urticaria.

[Strength]

（1）5 ml：50 mg ；

（2）10 ml：100 mg

[Posology and Method of Administration]

In adults，children，infants and toddlers 1 year and above.

Before using，please open it according to the picture on the cover. The liquid

151

will trick from the bottle if you put the bottle updown.

Adult：

In most cases， the recommended dose is 1 ml（10 mg， about 20 drops）daily as single dose.

It is advisable to take the drug with a little liquid during the evening meal since symptoms for which the product is given usually appear during the night.

If patients affected by side effects， the dose may be taken as 0.5 ml（5 mg， about 10 drops）in the morning and 0.5 ml（5 mg， about 10 drops）in the evening.

6 years old children and above：

0.5 ml（5 mg， 10 drops）twice daily or 1 ml（10 mg， 20 drops）once daily.

2-6 years old children：

0.25 ml（2.5 mg， 5 drops）twice daily or 0.5 ml（5 mg， 10 drops）once daily.

1-2 years old children：

0.25 ml（2. 5mg， 5 drops）twice， one time in the morning and one time in the evening.

Infants below 1 year old：

So far the data of children age from 6 months to 12 months is available， however the overall evaluation is not closed now. If it is necessary to administration， please follow the prescription of physician carefully.

Elderly subject：

Elderly subject whose renal function is normal， please refer the adults dosage.

Elderly subjects with really impaired， please refer to the dosing adjustments for patients with impaired renal function.

Dosing adjustments for patients with impaired renal function：

Recommend intake half daily dosage as normal patient.

Adult or Elderly subject： The recommended dose is 0.5 ml（5 mg， about 10 drops）daily as single dose.

6 years old child and above： 0.25 ml（2.5 mg， 5 drops）twice daily or 0.5 ml（5 mg， 10 drops）once daily.

1-6 years old children： 0.25 ml（2.5 mg， 5 drops）once daily.

Patients with hepatic impairment： No dose will have to be adjusted on patient whose renal function is normal.

Oral drops：

20 drops（1 ml）=10 mg

10 drops（0.5 ml）=5 mg

5 drops（0.25 ml）=2.5 mg

[Adverse Effects]

There have been occasional reports of mild and transient subjective side-effects such as headache, dizziness, drowsiness, agitation, dry-mouth and gastro-intestinal discomfort, in objective tests of psychomotor function, the incidence of sedation with Cetirizine was similar to that of placebo. Very occasionally symptoms of hypersensitivity have been reported.

[Contraindications]

History of hypersensitivity to any of constituents of the formulation or hydroxyzine.

Patients with severe renal impairment at less than 10 ml/min creatinine clearance.

[Warning and Precaution]

Cetirizine at therapeutic doses has not shown a potential of the effects of alcohol（for an alcohol blood level 0.8 g/L）. Nevertheless, precaution is recommended.

Drive or operate machine：

The study in the healthy subjects intaking 20 mg or 25 mg every day did not validate that there have no change in the reflect to the alertness and reactivity. But we recommended the patient not to overdose.

[Pregnancy and Lactation]

Teratology studies in animals have not demonstrated any special adverse effects. As a precaution, however, cetirizine should not administrated to pregnant women during the first three months of pregnancy, nor should women who are breastfeeding take the drug.

[Children]

Refer to [Posology and method of administration].

[Elderly]

Elderly subject whose renal function is normal, please refer to [Posology and Method of Administration] the adults dosage.

Elderly subjects with really impaired, please refer to [Posology and Method of Administration] the dosing adjustments for patients with impaired renal function.

153

[Drug Interactions]

To date there are no known interactions with other drugs. Nevertheless，caution is recommended if sedatives are also being taken.

[Overdose]

Drowsiness can be a symptom of overdosage，occurring from administration of 50 mg as a single dose. To date，there is no specific antidote. In the case if massive overdosage gastric lavage should be performed as soon as possible. Apart from the usual supportive measures，all vital parameters have be monitored regularly.

[Storage]

Store at room temperature（15-25℃）. Please keep away from the children.

[Package Size]

Glass bottle，5 ml/bottle and 10 ml/bottle.

[Shelf life]

60 months.

[Quality Standard]

JX20050193

[Register No]

H20020435

[Manufacture]

U.C.B. Pharma SPA Italy

2. 汉语翻译

仙特明 Zyrtec

盐酸西替利嗪滴剂说明书

请仔细阅读说明书并在医生指导下使用。

[药品名称]

通用名称：盐酸西替利嗪滴剂

产品名称：仙特明 Zyrtec

英文名称：Cetirizine Dihydrochloride Oral Drops

汉语拼音：Yan Suan Xi Ti Li Qin Di Ji

[成分]

本品主要成分为盐酸西替利嗪。

[性状]

本品为无色的澄清液体。

[适应证]

治疗季节性鼻炎、常年性过敏性鼻炎、皮肤过敏以及非鼻部症状眼结膜炎、过敏引起的瘙痒和荨麻疹症状。

[规格]

（1）5 ml：50 mg；

（2）l0 ml：100 mg

[用法用量]

推荐成年人和 1 岁以上儿童使用。

滴剂使用时，先按瓶盖上图示打开瓶盖，然后瓶口垂直向下，药液即会滴出。

成年人：

在大多数正常情况下，推荐剂量为每日 1 ml（10 mg，约 20 滴），一次口服。

从本品治疗适应证来看，建议在晚餐期间用少量液体送服此药。

若病人对不良反应敏感，可每日早晚两次服用，每次 0.5 ml（5 mg，约 10 滴）。

6 岁以上儿童：

早上和晚上各服用 0.5 ml（5 mg，约 10 滴）或每天一次 1 ml（10 mg，约 20 滴）。

2—6 岁儿童：

早上和晚上各服用 0.25 ml（2.5 mg，约 5 滴）或每天一次 0.5 ml（5 mg，约 10 滴）。

1—2 岁儿童：

早上和晚上各服用 0.25 ml（2.5 mg，约 5 滴）。

1 岁以下儿童：

虽然有 6 个月以上到 1 岁婴儿服用西替利嗪的临床数据，但相关评估尚未完全结束，如需使用，请遵医嘱，谨慎使用。

老年患者：

肾功能正常的老年患者，参照成人推荐剂量。

肾功能不全的老年患者，参见肾功能不全患者推荐剂量。

肾功能不全的患者：

建议减半服用推荐剂量。

即：

成年或老年患者：推荐剂量为每日 0.5 ml（5 mg，约 10 滴），一次口服。

6 岁以上儿童：早上和晚上各服用 0.25 ml（2.5 mg，约 5 滴）或每天一次 0.5 ml（5 mg，约 10 滴）。

1—6 岁的儿童：每天一次 0.25 ml（2.5 mg，约 5 滴）。

肝功能不全患者，如没有同时患有肾功能不全症状，无须调整用药剂量。

口服滴剂：

20 滴（1 ml）=10 mg

10 滴（0.5 ml）=5 mg

5 滴（0.25 ml）=2.5 mg

[不良反应]

偶有报告病人有轻微和短暂的不良反应，如头痛、头晕、困倦、嗜睡、激动、口干、肠胃不适。在测定精神运动功能的客观实验中，本品对镇静的影响和安慰剂相似。稀有报道过敏反应。

[禁忌]

禁用于对本品的任何成分或羟嗪过敏者。

禁用于严重肾功能不全的患者（肌酐清除率小于 10 ml/ 分钟）

[注意事项]

在治疗剂量下，本品不会强化酒精作用（血液浓度 0.8 g/L），但是必须谨慎。

驾驶或操作机械：

在健康志愿者每日服用 20 mg 或 25 mg 试验中，并未证实对警戒性及反应时间有任何改变。不过建议病人不要超过推荐剂量。

[孕妇及哺乳期妇女用药]

动物致畸试验显示无任何致畸作用，但是为了预防，盐酸西替利嗪不应给怀孕初期至 3 个月内的孕妇服用，也不应给哺乳期妇女使用。

[儿童用药]

见 [用法用量] 项

[老年用药]

肾功能正常的老年患者参见 [用法用量] 项成年人用法与用量。

肾功能不全的老年患者参见 [用法用量] 项肾功能不全患者用法与用量。

[药物相互作用]

至今未有同其他药物相互作用的报告，但同时服用镇静剂（安眠药）时要谨慎。

[药物过量]

一次口服 50 mg，能引起嗜睡作用。到目前为止，尚无特别的解毒剂。在大量过量的情况下，应尽快进行胃肠灌洗，除进行一般急救支持性治疗外，还必须定时监测所有的生命体征。

[贮藏]

室温（15—25℃）贮藏。请置于儿童无法触及之处。

[包装]

玻璃瓶装 5 ml/ 瓶 / 盒或 10 ml/ 瓶 / 盒。

[有效期]

60 个月。

[执行标准]

JX20050193

[批准文号]

H20020435

[生产企业]

比利时联合化工集团医药部（意大利）

3. 翻译案例评析

①该药品说明书语气客观、语言正式，多使用大词、长词和生僻词。适应证和用法用量等内容中，使用了较多的疾病名称和医学术语，例如，"Seasonal Allergy Rhinitis"（季节性鼻炎）、"Perennial Allergy Rhinitis"（常年性过敏性鼻炎）、"Skin Allergy"（皮肤过敏）、"Urticaria"（荨麻疹），等等。中文译文也使用了相对正式的措辞。

②句式上相对简单，但由于文体正式，也不乏长句，翻译时多采取直译方法。其中"during the first three months of pregnancy"译为"怀孕初期至三个月内"，则更加准确地具体化了说明书内容。

③大量使用祈使句，译文也相应地译成了祈使句。例如，"Recommend intake half daily dosage as normal patient." 翻译为"建议减半服用推荐剂量"；"Elderly subject whose renal function is normal, please refer the adults dosage." 翻译为"老年患者：肾功能正常的老年患者，参照成人推荐剂量"。

④原文大量使用被动语态，译文多转译为汉语的主动语态。例如，"No dose will have to be adjusted on patient whose renal function is normal." 翻译为"肝功能不全患者，如没有同时患有肾功能不全症状，无须调整给药剂量"。

⑤不定式结构作主语。该药品说明书多处使用不定式作主语，且不定式结构常常移到句子后部以平衡句子，其前由 it 作形式主语。主句中的形容词通常是表示重要性、紧迫性、频繁程度等情况的形容词。例如，"It is advisable to take the drug with a little liquid during the evening meal."译文将形容词译为动词。

⑥平行结构的使用。在用法和用量部分多使用平行结构。平行结构使文章条理清楚，易于阅读和理解。

（二）化妆品说明书翻译赏析

1. 英语原文

Olay Regenerist

Rejuvenating treatment mask 6 pieces

Helps to solve multiple aging signs like wrinkles, fine lines and sagged contour and leaves your skin more firmed with silky smoothness. It combines breakthrough "stretch & fit" mask design and skin regeneration technology to lead you experience a unique skin regeneration journey.

Each piece contains rich Regenerist revitalizing serum which will intensively reach your skin surface to activate skins regeneration more effectively thereby reduce wrinkles and fine lines effectively.

The breakthrough "stretch & fit" design gives mask stretch-ability to fit skin surface more closely. It lifts skin contour and makes skin firmer and more elastic.

2. 汉语翻译

玉兰油新生

修纹紧致弹力面膜6片

帮助改善多种岁月痕迹，如皱纹、细纹和逐渐松弛的轮廓，让肌肤更紧致细滑！结合特有的"拉伸伏贴"面膜设计和肌肤新生技术，带你体验肌肤新生之旅。

每片都承载丰富的玉兰油新生修护精华液，深入渗透肌肤表层，帮助加速肌肤表层的更新，减少皱纹、细纹。

特有的"拉伸伏贴"面膜设计，可随意拉伸，紧密契合肌肤，帮助提升、紧致肌肤轮廓，令肌肤紧致有弹性。

3. 翻译案例评析

①该产品是玉兰油"新生"系列产品中的一种。在语言表达形式上，原文

自然流畅、思维缜密，用词简洁自然。译文遵循对等的翻译原则，行文用词上符合汉语的表达习惯，在语义、功能和情感等方面较好地传达了原文的信息。

②产品名称的翻译：该产品英文名称为"rejuvenating treatment mask"。其中，"treatment mask"意为"脸部特别治疗／护理面膜"。"rejuvenating"意为"使……变得年轻的；修复的"。产品名称结合原文中对产品功效的介绍而增译"紧致"和"弹力"，译为"修纹紧致弹力面膜"。化妆品品名翻译的目的是要实现销售目标，因此化妆品品名翻译不仅注重语义对等问题，更注重译文是否有感染力以及能否增强广告功效。因此，品名译为"修纹紧致弹力面膜"显然能够比直译为"修复护理面膜"提供更多的产品特点方面的信息，更能吸引目标顾客。

③说明书第一段概述产品的特色和功效。首句介绍该产品的主要功效，并用粗体显示，更加醒目。译文亦采用粗体，以突显其产品功效，更好地实现了产品说明的信息功能。第二句简要介绍产品的技术特色。译文采用直译的方法，保留了原文的语序，也体现了原文较为客观的语言风格。

④说明书第二段和第三段继而深入介绍其主要的产品特色："肌肤新生技术"和"拉伸伏贴"面膜设计。其中，第二段用一个长句说明了"肌肤新生技术"，其结构由一个主句和一个which引导的定语从句构成，链型直线展开，长而不乱。译文打破了原文的结构，将原文的一句话译为三个动宾短语，简短明快，符合汉语的表达习惯。

第三段是关于"拉伸伏贴"面膜设计一项的说明，原文为两个句子，译文没有对原文结构亦步亦趋，而是将之并为一个句子，由5个短句构成，短句之间的关系通过语义表现出来，句子的主要成分和修饰成分之间层层相扣。

中文译文符合汉语的审美习惯，容易让中国的消费者理解，并产生对产品使用后的功效的想象，最终实现说明书的宣传促销目的。

（三）家用电器说明书翻译赏析

1. 英文原文

Introduction

This hairdryer is part of the new Philips SalonCompact range and has been specially designed to offer you, comfortable and reliable drying. It has a compact and lightweight design, making it easy to use.

You can visit our website for more information about this product or other Philips products.

General Description

A. Air inlet grille

B. Slide switch with 2 heat/speed settings and off position

C. Concentrator

Important

Read these instructions for use carefully before using the appliance and save them for future reference.

◆ Check if the voltage indicated on the appliance corresponds to the local mains voltage before you connect the appliance.

◆ Check the condition of the mains cord regularly. Do not use the appliance if the plug, the cord or, the appliance itself is damaged.

◆ If the mains cord is damaged, it must be replaced by Philips, a service centre authorized by Philips or similarly qualified persons in order to avoid a hazard.

◆ Keep this appliance away from water！ Do not use this product near or over water contained in baths, wash basins, sinks etc. When used in a bathroom, unplug the appliance after use since the proximity of water presents a risk, even when the hairdryer is switched off.

◆ For additional protection, we advise you to install a residual current device（RCD）with a rated residual operating current not exceeding 30 mA in the electrical circuit supplying the bathroom. Ask your installer for advice.

◆ Keep the appliance out of the reach of children.

◆ Never block the air grilles.

◆ This appliance is equipped with an overheat protection device. If the appliance overheats, it will switch off automatically. Unplug the appliance and let it cool down for a few minutes. Before you switch the appliance on again, check the grilles to make sure they are not blocked by fluff, hair, etc.

◆ Always switch the appliance off before putting it down, even if it is only for a moment.

◆ Always unplug the appliance after use.

◆ Do not wind the mains cord round the appliance.

Using the Appliance

◆ Put the plug in the wall socket.

◆ Switch the appliance on by selecting the desired setting.

-Ⅱ： Turbo airflow for fast drying.

-Ⅰ： Gentle airflow especially intended for styling.

-O： Off.

◆ Dry your hair by making brushing movements with the dryer at a small distance from your hair.

Styling

The concentrator enables you to direct the airflow at the brush or comb with which you are styling your hair.

◆ Connect the concentrator by simply snapping it onto the appliance

◆ Disconnect the concentrator by pulling it off the appliance.

Cleaning

Always unplug the appliance before cleaning it.

Never rinse the appliance with water.

◆ Clean the appliance with a dry cloth.

◆ Remove the attachment from the appliance before cleaning it.

◆ Clean the attachment with a moist cloth or by rinsing it under the tap.

Storage

Always unplug the appliance before storing it.

Never put the appliance down on one of its air grilles. Always put it on one of its sides.

◆ Put the appliance in a safe place and let it cool.

◆ Do not wind the mains cord round the appliance.

Guarantee & Service

If you need information or if you have a problem, please visit the Philips website or contact the Philips Customer Care Centre in your country (you will find its phone number in the worldwide guarantee leaflet). If there is no Customer Care Centre in your country, turn to your local Philips dealer or contact the Service Department of Philips Domestic Appliances and Personal Care BV.

Troubleshooting

If problems should arise with your hairdryer and you are unable to solve them by means of the troubleshooting guide below, please contact the nearest Philips service centre or the Philips Customer Care Centre in your country.

Troubleshooting

Problem	Cause	Solution
The appliance does not work at all	Perhaps the socket to which the appliance has been connected is not live	Make sure the socket is live
	The appliance may have overheated and switched itself off	Unplug appliance and let it cool down for a few minutes. Before you switch the appliance on again. check the grilles to make sure they are not blocked by the fluff，hair，etc.
	The appliance may not be suitable for the voltage to which it has been connected	Make sure that the voltage indicated on the type plated of the appliance corresponds to the local mains voltage
	The mains cord of the appliance may be damaged	If the mains cord is damaged，it must be replaced by Philips，a service centre authorized by Philips or similarly qualified persons in order to avoid a hazard

2. 汉语翻译

产品简介

这款电吹风是新型飞利浦 SalonCompact 系列产品之一，注重舒适和可靠的干发设计。设计轻巧，使用更方便。

您可以访问我们的网站以获得更多关于本产品及其他飞利浦产品的资讯。

产品描述

A. 空气入口

B. 2 个热度 / 速度设定和关闭位置的滑动开关

C. 集风嘴

注意事项

使用本产品前请仔细阅读使用说明书，并请妥善保存说明书以备不时之需。

◆产品连接电源前，请检查产品上标示的电压是否与当地的电源电压相符。

◆定期检查电源线的情况。如果插头、电源线或产品本身已损坏，就不要使用产品。

◆如果电源线损坏，必须由制造商、飞利浦服务维修部或类似的专职人员来更换，以防危险。

◆请远离水源！切勿在已盛水的浴缸、洗脸盆及洗手盆等容器附近使用本产品。在浴室使用完后，即使已关掉吹风机，但产品仍靠近水，还是容易带来危险，因此必须将插头拔掉。

◆为增加保护，建议在室内供电的电器回路中安装一个额定剩余工作电流不超过 30 mA 的剩余电流装置（RCD）。请向 RCD 安装商咨询。

◆不要让儿童接触此产品。

◆不可阻塞电吹风风口。

◆本产品带有过热保护装置。产品过热时，其电源将会自动断电。这时应拔掉插头，并让其冷却几分钟。产品再次接通电源之前，应检查出风口是否被绒毛、头发等物阻塞。

◆即使仅将产品放下一会儿，也应关闭其电源。

◆每次使用后一定要拔下产品的插头。

◆不要将电源线缠绕在产品上。

使用指南

◆将插头插入插座。

◆通过选择需要的设置打开产品电源。

-Ⅱ：增压涡轮气流，用于快速干发。

-Ⅰ：柔和气流，特别适合定型。

-O：关闭。

●吹发时请来回摇摆本产品并和头发保持一段距离。

美发定型

集风嘴的作用是将气流引到您梳发的刷子或梳子上。

◆将集风嘴扣合在产品前部。

◆用力拉则可将集风嘴卸下。

清洁

每次清洁前请拔下产品插头。

切勿用水冲洗产品。

◆必须用干布清洁产品。

◆清洁前请从产品上取下附件。

◆用湿布擦或在自来水龙头下冲洗附件。

储存

存放产品前一定要拔下插头。

切勿将格子窗朝下放置。只能将产品侧放。

◆将产品放在一个安全位置，让其冷却。

◆不要将电源线缠绕在产品上。

保修与服务

如果您需要信息或有任何问题，请浏览飞利浦网页。您也可与您所在地的飞利浦顾客服务中心联系（您可以从保修卡中找到电话号码）。如果您所在地没有顾客服务中心，您可以与当地的飞利浦经销商或飞利浦家庭小电器的客户服务部联系。

故障种类和处理方法

如果电吹风出现问题并且无法用下面的故障种类和处理方法解决，请与附近的飞利浦维修服务中心或贵国的飞利浦顾客服务中心联系。

故障种类和处理方法

问题	原因	解决方案
产品根本不运转	可能产品插入的插座没电	确保插座已通电
	产品可能过热，并且已经自动断电	拔下产品电源并让其冷却几分钟
	产品电压与本地电压不符	再次打开产品前，请检查出风口，确保没有毛、头发等杂物将其堵塞，确保产品铭牌上标出的电压与本地电源电压相符
	产品的电源线可能损坏	如果电源软线损坏，为避免危险，必须由制造厂或其维修部或类似的专职人员来更换

3.翻译案例评析

①这是一款电吹风使用说明书，主要目的是使使用者掌握对该产品的操作。说明书原文术语不多，措辞和句式都较简单。译文也保持了原文的特点，简单明了、易于理解。

②在结构上，原文由八个部分构成，包括产品简介、产品描述、注意事项、使用指南、清洁、储存、保修与服务、故障种类和处理方法。原文详尽地介绍了产品特点、使用注意事项以及故障处理方式等。译文完全保留了原文的结构形式和编号特点。

③说明书的产品简介部分采用意译的方法，使用转性译法和转态译法，这也体现了说明书的文体特点，即信息诱导型文体。翻译时要综合考虑语义、功能、情感三个方面的对等。例如：

This hairdryer is part of the new Philips SalonCompact range and has been specially designed to offer you comfortable and reliable drying.

这款电吹风是新型飞利浦 SalonCompact 系列产品之一，注重舒适和可靠的干发设计。

其中动词"design"转译为名词,并转为主动语态。

④大量使用祈使句。例如:

Never rinse the appliance with water.

切勿用水冲洗产品。

Clean the appliance with a dry cloth.

必须用干布清洁产品。

这种不带人称的祈使句式简单明了,有效地突出了要强调的主要信息。对于祈使句,译文基本采用了对等译法。

⑤大量使用条件句。对于原文中的条件句,译者则大多采用换序译法,即将原文句末出现的条件状语提到句首。例如:

Do not use. the appliance if the plug, the cord or the appliance itself is damaged.

如果插销、电源线或产品本身已损坏,就不要使用产品。

此外,文中出现的其他状语从句或状语结构,亦多使用换序译法。例如:

Always unplug the appliance before cleaning it.

清洁前请拔下产品插头。

⑥原文长句译为符合汉语表达习惯的短句。例如:

When used in a bathroom, unplug the appliance after use since the proximity of water presents a risk, even when the hairdryer is switched off.

在浴室使用完后,即使已关掉吹风机,但产品仍靠近水,还是容易带来危险。因此必须将插头拔掉。

第二节 外贸产品样本资料的翻译

一、外贸产品样本概述

(一)外贸产品样本的定义

所谓样宣或样本,英文为 catalogue,指的就是出口产品的宣传资料,即产品样本和企业的业务信息与形象推介册,图文并茂,包含了一系列有关企业基本概况、产品规格、选型资料等内容。一册好的样本应当准确传达出企业的形象和产品的优良品质,展示出企业精神、核心理念等企业灵魂,给受众带来卓越的视觉感受。样本通常由三个要素组成，即企业与产品形象、品牌名称和文案介绍。样本中的中英文介绍词，特别是英文部分，其创意和翻译的过程，实质上是一个企业理念的提炼和展现的过程。目前，无论是出口制造企业或外贸公司，均有自己的样本、目录介绍。企业只要是参展国外的贸易博览会或国内的广交会，与客户进行外贸谈判，样本都是必备之物。通过阅读样本，客户可以快捷地了解这家企业与它制造的产品，所以说，样本在外贸业务中扮演着非常重要的角色。

（二）外贸产品样本翻译的功能

翻译实践告诉我们，大多数情况下，外贸企业出口产品的样本翻译要求与其他类文本的翻译不太一样，其文本特点和具体的交际场景又不允许译文做太大篇幅的发挥，译文信息含量、译文占有空间、译文预期功能、译文传播媒介等是译者不得不考虑的重要因素，它们常常左右着译文的信息内容和表达形式。由于汉、英产品的宣传文字在各自的遣词用字、行文风格上存在着较大差异，因而，翻译样本材料，需要充分考虑受众即国外客户的阅读习惯，在文本形式和信息内容上进行较大调整和改动，使之简洁精练、直截了当、信息明确、逻辑条理清楚，这是我们对外贸企业产品样本与宣传资料翻译的基本认识。

二、样本翻译的语篇特点

出口产品样本是指对各种工业产品进行文字说明的印刷文本，属外贸语篇范畴，是买卖产品等外贸活动中使用的正式文体。它装帧完美、图文并茂，由英文或中、英文对应组成，主体由两至三段构成，概括介绍企业的发展历程、地理位置、生产规模、经营范围、产品特色、主打产品、员工构成、合作意愿等。文字以直接表述为主，使用客观性语言风格，忠实、准确地传达有关产品的性能和用途，其译文质量的优劣是产品推介过程中不可忽视的因素。

（一）传达原文信息

样本、样宣语篇翻译属于商业广告体的一个部分，传达信息是它的基本功能，翻译转换中不存在过多的语言与文化差异，语篇中也较少使用修辞手段，因此多用直译即语义翻译。其语言表达既有日常书面语的文体特点，也兼有广告体的行文特征。在句法结构上多使用单句、复合句与固定搭配，从句使用上又多以定语从句为主，以尽可能少的文字进行有效的信息等值宣传，以达到凝练之效。措辞上注重清晰、规范和逻辑上的连贯，语篇通体具有浓厚的行业色彩，力戒主观随意性。

比较而言，大企业特别是一些大型专业外贸公司的样本翻译具有较高的质量，以下选取广东省轻工业品进出口集团公司的样本为例，来比较一下在两种文字的转换过程中英文翻译的行文如何展开。

1. 译例

广东省轻工业品进出口集团公司有着二十多年经营进出口贸易的历史，是广东省重点发展的大型企业集团之一，以出口轻工业产品著称，经营品种达上万种，国内外注册商标 63 个，在海内外协作群中享有较高的声誉，具有稳定的营销网络和出口供货渠道。

本公司有一支高素质的管理人才队伍，在管理上实施 ISO9001 国际质量标准，并获得英国 BSI 公司的认证证书，其质量方针是"质量为本，信誉至上，服务真诚，顾客满意"。

2. 译文

GLIP（Guangdong Light Industrial Products Imp. Exp. Corp.），with more than twenty years' history of handling import and export trade, is one of the key developing enterprises in Guangdong Province. It is well known for exportation of light industrial products. We deal in thousands of merchandises and 63 main registered trademarks. Our corporation ranks high in reputation among coordination units in the world. We have established a stable promotion network and an exporting supply channel.

Our corporation has a highly qualified management team and follows ISO9001 international quality management system with the certificate granted by the BSI company. Our quality policy is "Quality Priority, Reputation First, Service Sincere, Customer Satisfactory".

3. 翻译特点

以上两段英文翻译，文体简约，用词准确。"出口轻工业产品"被译成"exportation of light industrial products"，用一个表示"输出，输出品"的名词"exportation"而非"export"，说明译者进行了一番斟酌。第一段中有两处"经营"，译者在第一处取的是一个普通词汇"handling"，而在第二处时选择了一个很讲究的短语"deal in"，其意为"经营，经销"，使选词上起了变化。第二段中的"highly qualified management team"和"Quality Priority, Reputation First, Service Sincere, Customer Satisfactory"翻得严谨而流利，无懈可击。

要做到信息表达清晰，就需要做到文体规范、选词恰当、不犯低级错误。"思维层次与语义层次的关系是十分密切的，思维层次是语义层次的基础。"样本翻译的优劣取决于多种因素。这不仅仅包括译者的外文水平，还包括译者在外贸方面的专业知识。因此，动手翻译之前，译者在句法与词汇方面要注意以下几点。

①外贸样宣资料翻译常使用一般现在时态。

②句子结构常使用被动语态。

③经常使用各种省略手段以避免过多重复。

④使用复合句，特别是定语从句，以涵盖大量信息。

⑤常使用专业术语和行话，行文简洁，避免零乱和随意。

⑥准确选词，以避免生搬硬套的表层化翻译。

（二）把握好中英文语言的异同点

英美人喊"救命"时，用的词是"help"，而喊"抓贼"用的是"stop thief"。中国特色的词汇"派出所"的正确译法是"local police station"。中英文表达同一个意思时的不同方式，由此可见一斑。有人把"蛇皮袋"直译为"snake skin bag"，因此闹出了笑话，其实它指的是 PVC 编织袋，仅仅是因为它的编制形状和颜色像蛇皮，所以俗称蛇皮袋，其正确的译法是"polysack"。"节日灯具"并非节日才用，只是一串装饰用的小灯泡，所以要译为"decoration lamp set"。"小磨香油"被误译为"fine-ground sesame seeds oil"，这属表层翻译，其实并无必要加"小磨（fine-ground）"，只需译为"sesame oil"即可。

1. 译例

青岛海旺花园家具有限公司的主要产品为"海旺"花园家具和"金华"木制太阳伞。我公司设备齐全，管理体系完善，已有几十年的加工、生产、销售历史，从而积累了丰富的出口经验。目前在国内设生产加工基地近十处，并由公司质量控制中心随时做巡回检查。

我公司生产的两个系列产品有 200 多个品种，设计美观、款式考究，深受国内外消费者喜爱。目前已销往欧美等十几个国家和地区。本公司以"信誉为本，质量上乘，实事求是，开拓创新"为宗旨。

恭请各界朋友光临！

2. 误译

Qingdao Hivigor Garden Furniture Co., Ltd. is a factory to produce "Hivigor" garden furniture and "Jinhua" wooden umbrella for more than ten years. We have very well equipment and perfect management. Now, we have ten industrial bases in our country. There is a quality control center in charge of inspecting them.

We have more than two hundred styles for the product. They are exquisite and exported to more than 10 countries in Europe and U.S.A. They are deeply popular among the customers all over the world. We have first class reputation, first class quality and first class service.

We welcome the friends around the world to our factory.

此段译文生搬硬造，有语法问题，而且表达不清晰。"a factory to produce"在此处系误译，应该是"a factory producing/manufacturing"。"Now"后不必加逗号与后面断开。以下是改动后的译文，供读者参考。

3. 改译

Qingdao Hivigor Garden Furniture Co., Ltd. is a plant manufacturing "Hivigor" brand garden furniture and "Jinhua" brand wooden umbrella as its main products. It has complete equipment with good management. In the past decades of manufacturing, processing and marketing, it has accumulated rich experience in exportation. Up to now nearly ten production bases have been set up nationwide, which is under the timely supervision by the quality control center of the headquarters.

The plant has formed two products categories with more than two hundred different varieties. They are novel in design, exquisite in pattern and are well received in Europe, U.S.A. and some other regions in the world.

Its motto is "Reputation First, Quality First, Constant Innovation".

You are sincerely welcome for visit and business negotiation with us.

经过改动后，其语篇结构形成了一个严密而自然的整体，特别是像"有几十年的加工、生产、销售历史……并由公司质量控制中心随时做巡回检查"几句，将其合译可以说是恰如其分的！原文中"实事求是（pursue a realistic and pragmatic approach）"与上下文没有太多关联，做省译处理。

（三）熟练运用翻译策略

译者在进行语篇翻译时，不必受原文段落或结构的束缚，可以灵活运用翻译策略，使译文表达得体、行文流畅、信息完整。翻译中常使用重组法、加词法、减词法等一系列策略就可以达到这样的效果。

减词（省译）翻译法是指在翻译的过程中省略原文中无关主旨的或多余的词汇。但是，对于那些必要的、重要而完整的信息不得采取减词法。

三、样本翻译的词汇特征

（一）使用已有的定译词

定译词是指在历史上已经被前人译好，后来被社会接受的词汇（甚至有些当时的译法与译文是错的）。例如，"蒋介石"，就不能按拼音翻译，而要按约定俗成的规矩译为 Chiang Kai-shek，"孙中山"应该译为 Sun Yat-sen。"广交会"叫作 Canton fair，而不能说成 Guangzhou fair，香港的九龙是按照广东话音译而来的，译为 Kowloon。Fleet Street（舰队街）原为伦敦城外的一条小河，16 世纪时，河的两岸住满了人家，但河水浑浊，臭气熏天。1737 年开始了"舰队河"的掩埋工程。填平后，原址成为一条街，取名"舰队街"。18 世纪以来，英国的老报社、出版社都设立在这条街上，影响较大的有《每日电讯报》（*The Daily Telegraph*）、《每日邮报》（*Daily Mail*）。"舰队街"已经成为英国报业及新闻界的代名词，但是舰队街实与"舰队"无关，不过是相延已久的误译。

例 [7-16]：杭州中亚健身器材有限公司，坐落在美丽的西子湖畔北侧。

译　文：Hangzhou Zhongya Fitness Co., Ltd., is located in north of the beautiful Xizi Lake.

分析："美丽的西子湖畔"指的就是杭州西湖，西湖是闻名中外的景观，英文翻译早就定型，即 the（Hangzhou）West Lake。

（二）注意范围限定词或者定性词的使用

英语很少使用范围限定词或者定性词（category word），而汉语则喜欢使用范围限定词或者定性词。所以翻译英语的一些抽象名词时，多增加范围限定词或定性词，而回译时则应尽量减掉范围限定词或定性词。例如：

sensibility　灵敏（度）

dependence　依赖（性）

sympathy　同情（心理）

allergy　过敏（反应）

jealousy　嫉妒（心理）

humanity　人文（精神）

evaporation　蒸发（作用）

national defence　国防（建设）

lightheartedness　轻松愉快（的心情）

（三）词汇表达的自由变通

不管是把英语译成汉语，还是把汉语译成英语，有一个经常使用的方法就是适度地减词或增词。使用这个方法，可以使译文更加通顺、流畅、自然。但是使用增词或者减词方法必须严格遵循一个原则，就是要适度，即减词不减义、增词不增义。译者可以在词汇的表达上进行自由变通，但绝不允许改变原文的意思。比如下面几个例子。

例 [7-17]：After the lecture，he's got an important meeting.

译文：在讲座后，他有一个重要会议要参加。

例 [7-18]：We take this opportunity to inform you that we are now in the position to make decision ourselves about the prices of the products.

译文：兹奉告，我们自己有权决定产品价格。

例 [7-19]：If the goods are to be transshipped from one means of transportation to another during the course，it is called "combined transport".

译文：如果货物在运输途中变换交通工具，就叫作"多式联运"。

（四）洞悉汉译英词序上的差异

由于文化传统、地理位置、生活方式等方面存在差异，英汉两种文字在说明同一样东西时，词的位置也会发生改变。英语的一些表达同汉语刚好相异，汉译时就须按照英语的习惯做相应的调整。在词汇的排列顺序方面，译者必须注意中英文词序排列的语言差异，特别是前置、后置定语的差异。

例 [7-20]：竭诚欢迎国内外新老客户来公司洽谈指导……

误译：Wholeheartedly welcome all new and old clients abroad and domestic to our company...

尽管这是一句再简单不过的句子，但也犯了错。"新老客户"的汉语语序排列是"新"在前，"老"在后，但是英语译文却应该是 old and new。

改译：Wholeheartedly welcome both old and new clients at home and abroad to our company...

（五）上下文与一词多义

理解是翻译的基础和关键。准确理解一种语言的词汇含义、结构和惯用法是对外语学习者的基本要求。在英汉两种语言中，一词多义现象比较普遍。例如，英语的"like"同时兼类动词、名词、介词、连词和形容词；汉语的"轻松"同时兼类动词、名词、形容词。再如英语的"broken"一词的基本意思是"破碎"，但还有其他意思："a broken man"意为"潦倒的人"；"a broken soldier"意为"残废的士兵"；"a broken time"意为"零星时间"；"a broken cup"意为"破杯子"；"a broken home"意为"破裂的家庭"；"a broken road"意为"起伏不平的道路"；"broken English"意为"说得不流利的英语"；"broken-hearted"意为"伤心的"；"a broken sleep"意为"时睡时醒"；"a broken record of argument"意为"陈词滥调"。汉语的"影响"在不同的语境中也有多种意思：在"他的思想影响了几代人"中意为"激励"；在"这种坏书对青少年有很大影响"中意为"腐蚀，产生负面效应"；在"你别站在那里影响我看电视"中意为"妨碍，挡住视线"；等等。

advise 一词的常用义是"建议"，而在外贸英语中为"通知"。cover 的常用义是"覆盖，盖，掩护，包括"，而在外贸英语中为"给（货物）保险"。accept 常用义是"接受，认可"，而在国际结算中为"承兑（单据、汇票等）"。confirm 的常用义是"使（权力等）更巩固，使（意见等）更有力，使有效，证实"，而在国际结算中根据行业特点译为"确认，保兑"。

四、样本翻译中的汉英句子结构

（一）中英文句子结构差异比较

英汉两种语言在句法及语言表达习惯上存在着较大差异，英语属拼音文字，汉语属象形文字。要准确掌握两者的差异，在进行英汉翻译时要做相应的词序、语序以及词义上的调整。英语句子的结构表达严谨且逻辑性强，汉语句子的表达就较为简短、松散。同时，英语的句序、结构、语态与汉语也迥然不同。学习者在造句或翻译时，应当使用正确的句子表达，这就需要平时多记多练。

例 [7-21]：I was born on 9th September，1965.（时间状语、地点状语由小到大，常居句后）

译文：我生于 1965 年 9 月 9 日。

例 [7-22]：What's this？（特殊疑问句型）

译文：这是什么？

例 [7-23]：Long live our motherland！（倒装句型）

译文：祖国万岁！

例 [7-24]：What beautiful hair the girl has！（感叹句型）

译文：那个女孩的头发是多么美丽啊！

（二）把握好从句与主句的关联度

译者在翻译时要避免乱用从句，还要避免出现句子结构逻辑错误。一句话若能用简单句表达，就不使用复合句，这是一个基本原则；反之，该用从句时，又不用从句，而反复使用几个简单句，也是有问题的。有一个学生作文中的一句话是"This is my sister who is a doctor."，这是不对的，应该改为"My sister is a doctor."。再如"There are many students who like collecting stamps in our class."此句应该改为"Many students in our class like collecting stamps."。在样本翻译中的误译，往往存在结构逻辑错误的问题。

例 [7-25]：本厂是专业生产航空、酒店、铁路、游轮等场所中所用中、高档拖鞋的厂家……款式达数百种，可供客户选择，也可按客户要求设计定样，欢迎国内外客户洽谈合作。

误译：We are a manufacturer of slippers which are used in airplane，hotel，train，travel ship...There are hundreds of styles for customers' choose，the styles can also be redesigned according to customers' demand. Welcome all the customers domestic and overseas.

译文的首句使用"which"引导的定语从句，出现了结构指代不清的问题，句中被定语从句修饰的先行词不是"slippers"，而是"a manufacturer of slippers"。

改译：We are a professional manufacturer of all kinds of slippers which are widely used in airplanes，hotels，trains and travel ships...There are hundreds of styles for customers to choose from moreover the styles can also be customized according to customers specific needs. Customers from both home and abroad are welcome to our company for business negotiation.

五、外贸产品样本的校对与印刷

排版印刷前的校对（proof-reading）非常重要，这是因为在我们已经收集到的企业对外宣传材料和产品样本中，有很大一部分会出现印刷错误，包括有些名片中，都存在着不容忽视的印刷、拼写错误。试想，客户拿到这样的样本，会对产品或厂家产生什么样的印象？这样的错误是一定要避免的，否则，即使翻译得再好的英文，由于拼写或印刷错误，也会给人留下负面印象。

例如，将 customers first（顾客第一）误写为 customs first（习俗第一）；expanding 丢掉最后一个字母 g，成了 expandin； professional dealer 误写为

profesional dealer；将 China 小写成 china；create 漏写成 creat；All 印成 Aii；杭州桐庐金牌塑料彩印包装公司将 Contact person（联系人）误写为 Contract person（合同人）；深圳南鹏竹木制品厂将"法人代表"译成 Deputy of Artificial Person，令人不知所云；福建漳州的片仔药业股份有限公司生产的"片仔癀"是国家一级中药保护品种，也是中国驰名商标，但在广交会向外发布的正式样宣中，在不到两百字的英文内，竟然出现了五六处拼写、大小写、误写等纰漏。此类错误的出现，会让外商对企业的文化形象产生不好的印象。

样本翻译的质量优劣事关产品的销售，翻译时要做到少犯错误、表意准确、措辞严谨、通顺规范，因此译者须有刻苦钻研的工作态度和一丝不苟之精神。

参考文献

[1] 戎林海，沈怀荣. 术语与术语翻译研究：第二届"面向翻译的术语研究"全国学术研讨会论文集 [C]. 南京：东南大学出版社，2012.

[2] 于洋. 商务英语理论与应用研究 [M]. 北京：北京理工大学出版社，2013.

[3] 陈许，李华东. 高校外语教学研究与思考 [M]. 杭州：浙江大学出版社，2013.

[4] 陈振东. 新编外贸英语函电写作教程 [M]. 北京：对外经济贸易大学出版社，2015.

[5] 潘立娟，高彩慧，崔淑娟. 实用外贸英语函电 [M]. 哈尔滨：哈尔滨工业大学出版社，2016.

[6] 陈海燕. 高职商务英语专业实践教学体系研究 [M]. 北京：北京理工大学出版社，2016.

[7] 邓静子，朱文忠. 商务英语课程体系研究 [M]. 上海：上海交通大学出版社，2016.

[8] 姚克勤，杨红燕. 外贸英语函电与单证 [M]. 西安：西北工业大学出版社，2018.

[9] 张琳萍. 英语口译理论与实务研究 [M]. 成都：四川大学出版社，2018.

[10] 杨洋，林梅. 外贸企业对商务英语专业人才素质要求研究 [J]. 青年与社会，2019（11）：273-275.

[11] 卜小伟. 外贸英语合同翻译中的思维及语言差异分析 [J]. 农家参谋，2019（11）：234.

[12] 刘艳平. 基于跨境电商的外贸英语翻译人才培养的分析与研究 [J]. 商场现代化，2019（11）：26-27.

[13] 潘婕. 跨境电商背景下外贸函电课程教学改革探析 [J]. 校园英语，2019（26）：6-7.

[14] 黎人可. 外贸英语函电教学模式的探讨 [J]. 校园英语，2019（30）：65.

[15] 张悦. 外贸产业转型升级背景下商务英语翻译的重要性及应用 [J]. 产业科技创新，2019，1（21）：106-107.

[16] 黄思雨. 外贸英语函电课程中存在的问题及应对思路 [J]. 英语画刊（高级版），2019（36）：117-118.

[17] 甄玲，陈曦. 基于信息化的外贸英语函电教学改革现状分析 [J]. 教育现代化，2020，7（04）：4-6.

[18] 初雯. 新形势下地方高校英语外贸人才培养路径研究：以沧州师范学院为例 [J]. 轻纺工业与技术，2020，49（02）：189-190.